Ich wünsche euch ein Wachsen

Johannes Paul II.
Karol Wojtyła

Ich wünsche euch ein Wachsen

Ausgewählt und herausgegeben
von Gudrun Sailer

:STYRIA

Umschlagfoto: Zihnioglu/SIPA/Viennareport

Fotos: Bildagentur Contrasto, Rom: Farbteil 3
L'Osservatore Romano, Vatikan: S. 8
Farbteil 1, 4, 5, 6, 8, 9, 10, 12
KNA-Bild: Farbteil 2, 11, 14
Giancarlo Giuliani/catholic press photo: Farbteil 7
Vincenzo Pinto/Getty Images: Farbteil 13

IMPRESSUM

Internet: www.styriapichler.at

Lektorat: Gerlinde Hinterhölzl
Umschlaggestaltung: Bruno Wegscheider
Graphische Gestaltung und Satz: CH&ERN design, Wien
Druck und Bindung: Druckerei Theiss GmbH, St. Stefan im Lavanttal
Printed in Austria
ISBN 3-222-13187-2

Inhalt

Am Abend des 2. April 2005 starb in seiner Wohnung im Vatikan Papst Johannes Paul II., während unten auf dem Petersplatz zehntausende Menschen den Rosenkranz für ihn beteten. Es war ein Pontifikat der Superlative, das an jenem Abend zu Ende ging: die Reisen um den Erdball, die 1.800 Selig- und Heiligsprechungen, die Gesten der Versöhnung mit dem jüdischen Volk und mit den Erben der eigenen Geschichte, der unbequeme Einsatz für Frieden und Gerechtigkeit in den Krisenherden der Welt.

In diesem Buch geht es nicht um die Superlative. Stattdessen will die vorliegende Textsammlung die „Wege zur Glückseligkeit" weisen, die Johannes Paul seinen Zeitgenossen in die Landkarte des Lebens einzeichnete. Es sind Wege, die alle denselben Ausgangspunkt haben: den Menschen in seiner Sehnsucht nach Geborgenheit, nach Schutz und Wärme – und seine ureigene Berufung zu Liebe und Glück.

Nie ist dieser Papst müde geworden zu sagen, dass es das Evangelium ist, die Frohe Botschaft, die dem Menschen Heil verspricht. Bei unzähligen Gelegenheiten stimmte er seine Zuhörer ein auf diese christliche Botschaft der Freude: bei Treffen mit Jugendlichen, bei Predigten und Pastoralreisen, bei Audienzen und Angelusgebeten, sogar ganz unvermittelt in Lehrschreiben, die damit einen fast poetischen Zugriff auf die Herausforderungen des Menschseins heute bieten.

So vereint dieser Band Texte von Johannes Paul aus allen Abschnitten seines Pontifikates, aber auch aus der Zeit davor, als Kardinal und Krakauer Erzbischof, und sogar als Jugendlicher, der im Polen der Kriegsjahre seine Berufung ahnt. Ein Zeitrahmen von 65 Jahren ist hier aufgespannt. Stil und Zugangsweise lassen naturgemäß Entwicklungen erkennen, doch die Grundlage bleibt dieselbe. Wie Kardinal Joseph Ratzinger, der sein Nachfolger auf dem Stuhl Petri geworden ist, über Karol Wojtyła sagte: „In seiner Nähe spürt man – es geht ihm um den Menschen, weil es ihm um Gott geht." Das machte sein Charisma für Christen, Andersgläubige und Atheisten aus: Johannes Paul überzeugte, weil er Glauben und Leben zu einem seltenen Grad der Übereinstimmung brachte. Als „Vorbild" mochte sich der Papst selbst dennoch nie sehen. Er wollte lieber an der Seite der Menschen gehen. Ihnen aus dem Glauben heraus Trost und Hoffnung, aber auch das „Zeug zum Glück" zu geben, war für Johannes Paul II. Inhalt seines Amtes bis zuletzt.

Rom, im Sommer 2005

Gudrun Sailer

Gerne würde ich mit jedem Einzelnen von euch sprechen, lange sprechen … Leider ist diese Begegnung auf Du und Du nicht möglich. Ich spreche daher zu allen, aber ich möchte, dass jeder mich hört, als ob seine Worte ihm allein gelten. Ja, wenn diese Kirche auch voll von Menschen ist, für mein Herz ist sie doch nur eine Wegkreuzung, an der ich einem anderen Herzen begegne, um mit ihm in einem Dialog der Hoffnung und der Liebe einen Augenblick der Brüderlichkeit zu teilen.

I.
Von Sehnsucht und Angst

Vom Leben als Suche nach Gott

Der Mensch ist ein Wesen, das sucht. Seine ganze Geschichte bestätigt dies. Auch das Leben eines jeden von uns bezeugt es. Auf vielen Gebieten sucht und forscht und findet der Mensch, und oft beginnt er gerade nach dem Finden erneut das Suchen. Unter all den Gebieten, auf denen sich der Mensch als ein Wesen erweist, das sucht, gibt es eines von besonderer Tiefe. Es reicht bis ins innerste Sein des Menschen. Und es ist am tiefsten mit dem Sinn des Menschenlebens verbunden.

Der Mensch ist das Wesen, das Gott sucht. Verschieden sind die Wege des Suchens und zahlreich die Geschichten des Menschenherzens gerade auf diesem Weg. Manchmal erscheinen sie sehr einfach und einander nahe. Dann wieder sind sie schwierig, verwickelt und weit voneinander entfernt. Manchmal kommt der Mensch leicht zu seinem „Heureka“: „Ich habe gefunden!“ Dann wieder ringt er mit den Schwierigkeiten, als ob er sich selbst und die Welt und vor allem das Böse in der Welt nicht begreifen könnte. Wir wissen, dass auch im Zusammenhang mit der Geburt von Betlehem dieses Böse sein drohendes Antlitz gezeigt hat.
Nicht wenige Menschen haben ihre Gottsuche auf den Wegen ihres eigenen Lebens schriftlich dargestellt. Noch zahlreicher freilich sind jene, die schweigen, weil sie alles das, was sie auf diesen Wegen erlebt haben, als ihr eigenes, tiefstes Geheimnis wahren wollen: ihre Erfahrungen und ihr Suchen, wie sie den Weg verloren und dann wieder gefunden haben.
Der Mensch ist jenes Wesen, das Gott sucht. Das ist die Wahrheit vom Menschen.
Man kann sie nicht verfälschen. Man kann sie auch nicht zerstören. Man muss diese Wahrheit dem Menschen lassen, weil sie ihn definiert.

Von den Tempeln der Sehnsucht

Hier bin ich, wie ein Tempel,
inmitten der Sehnsucht in die Höhe wachsend.
Ich dehne die Ziegelmauer bis zur Decke,
bis zum Chor, bis zum Giebel.

In der Orgel opfere ich mich.
In einem weißen, ärmellosen Mantel gehe ich,
in der Wolke des Weihrauches.
Hier hat man mir das Tor geöffnet.

Ich bin in der Menschheit Psalmen das Miserere.
Ich rufe mit der Feiersehnsucht, mit leitender
Melodie.
Die Wände öffnen sich gegen die
auf einem Regenbogen steckenden Kreuze.

O fließe herab mit der Helligkeit des Engels
über der Wasser grundloser Tiefe!
Bringe unserer Zeit deine Liebe näher.
Sie soll die Dunkelheit durchbrechen.
In den Tempeln der Frühlingsbefreiung
soll es keine Plagen mehr geben!

Der Hirtenstab

Ferula heißt der Kreuzstab des Papstes auf Latein. Kaum ein anderer Gegenstand ist im Lauf der fast 27-jährigen Amtszeit Johannes Pauls II. so sehr zu seinem Kennzeichen geworden. Dabei entstand dieser charakteristische Kreuzstab bereits Mitte der 60er Jahre. Der neapolitanische Bildhauer Lello Scorzelli schuf ihn für Papst Paul VI., der ihn erstmals bei der Schlussfeier des II. Vatikanischen Konzils am 8. Dezember 1965 trug. Wenn Pauls Nachfolger im Petrusamt Brauch und Kreuzstab übernommen haben, so verneigen sie sich damit auch vor dem Geist des Konzils.

Der Hirtenstab der Bischöfe mündet in eine Krümme. Die *Ferula* dagegen, seit jeher Bestandteil der päpstlichen Insignien, trägt ein Kreuz. In früheren Zeiten nahmen die Päpste den Stab bei Gottesdiensten und Amtshandlungen nicht selbst zur Hand. Vielmehr wurde er dem Kirchenoberhaupt bei der Liturgie vorangetragen. Johannes Paul II. betrachtete den Kreuzstab weniger als „Zeichen, andere zurechtzuweisen und zu leiten“ – so die Definition des Zeremoniale der römischen Laterankirche aus dem 16. Jahrhundert –, stattdessen diente er ihm, der zuletzt so schwer an seinem eigenen Kreuz trug, mehr und mehr als Stütze. Gegen Ende schien der Papst geradezu physisch verwachsen mit seinem Hirtenstab: Bürde und Halt in einem.

Von der Stätte der Auflehnung

Satan gelingt es nicht, in allem zu siegen; er erweist sich als unfähig, in den Menschen eine gänzliche Auflehnung zu säen, die totale Rebellion, die er in sich selbst trägt. Es glückt ihm hingegen, im Menschen eine Kehrtwendung zur Welt hervorzubringen, sodass dieser mehr und mehr in die Gegenrichtung zu der Bestimmung gerät, zu der er berufen war. Von dem Zeitpunkt an wird die Welt das Terrain der Versuchung des Menschen bleiben, die Stätte, wo man Gott auf verschiedene Weise und in verschiedenem Grad den Rücken kehrt; eine Stätte der Auflehnung gegen den Schöpfer statt der Zusammenarbeit mit ihm; eine Stätte, wo der menschliche Stolz sich breit macht, statt dass man nach der Ehre Gottes sucht. Die Welt als Schauplatz des Kampfes zwischen dem Menschen und Gott, des Widerstandes des Geschaffenen gegen seinen Schöpfer – dies ist das große Drama der Geschichte, des Mythos und der Kultur.

Von der Einsamkeit

Der Mensch lässt Gott in sich und im anderen „sterben". Dazu dienen ganze philosophische Systeme, soziale, wirtschaftliche und politische Programme. Wir leben in der Epoche eines gigantischen materiellen Fortschritts, aber sie ist auch die Epoche einer nie zuvor gekannten Leugnung Gottes.
Warum hat der Mensch Angst? Vielleicht gerade deshalb, weil er infolge dieser Leugnung Gottes letztlich allein bleibt: metaphysisch allein, innerlich allein.
Warum Angst? Wenn der Mensch Gott sterben lässt, vielleicht wird er dann auch die entscheidende Hemmung verlieren, den Menschen zu morden.

Von einer Welt, die ihr nicht haben wollt

Durch Hass, Gewalt und Unterdrückung wird man nicht die Zukunft der Menschheit bauen. Auf dem Triumph des Egoismus von Einzelnen und Gruppen erbaut man nicht die Zukunft der Menschheit. Die Zukunft der Menschheit kann nicht auf einem falschen Freiheitsbegriff errichtet werden, der die Freiheit der anderen nicht respektiert. Die Konsumgesellschaft, in der wir leben, und die Angst vor einer ungewissen Zukunft verleiten dazu, nach der eigenen unmittelbaren Befriedigung zu suchen. Man zieht sich zurück auf sein kleines persönliches Glück, auf seine Gefühle, dreht sich im Kreis, ist überreizt, unaufhörlich auf der Jagd nach neuen, rasch wieder vorübergehenden Erregungen, und ist einzig auf sich selbst und seine Vergnügungen bedacht. So kann man eigentlich nicht leben. Das ist nicht die Welt, die ihr haben wollt. Das wäre eine hoffnungslose Welt, die das Leben des Menschen jeden Sinnes entleert.

Von der Frage „Wer bin ich eigentlich?“

Ängstlich fragt sich der Mensch: Wer bin ich eigentlich? Die objektive Betrachtung der Wahrheit findet man oft durch eine mehr oder weniger spontane, subjektive Anschauung ersetzt. Die objektive Moral macht einer individuellen Ethik Platz, in der jeder für sich die Handlungsnormen bestimmen und verlangen kann, dass er nur dieser Norm folgt. Die Krise verschärft sich, wenn die Leistungsfähigkeit die Funktion eines Wertes übernimmt. Die Folge davon sind dann Manipulationen aller Art, und der Mensch fühlt sich mehr und mehr verunsichert; er hat den Eindruck, in einer Gesellschaft zu leben, die keine Gewissheit und Ideale zu bieten hat und deren Wertvorstellungen wirr sind.

Vom verhärteten Herzen

Dem Herzen Raum zu geben in der harmonischen Entwicklung eurer Persönlichkeit, hat nichts mit Gefühlsduselei zu tun. Das Herz, das ist die Offenheit des ganzen Seins für die Existenz des anderen, die Fähigkeit zu erraten, was ihn bewegt, ihn zu verstehen. Eine solche wahre und tiefe Empfindsamkeit macht verletzlich. Darum sind manche versucht, sich ihrer zu entledigen, indem sie sich verhärten.

Von der Flucht in künstliche Paradiese

Die Zuflucht der Jugendlichen zum Rauschgift hat vielfältige Bedeutsamkeiten. Während der heiklen Phasen ihres Wachstums muss die Drogensucht als Symptom eines „Lebensunbehagens“ oder der Schwierigkeit, ihren Platz in der Gesellschaft zu finden, oder auch einer Angst vor der Zukunft und einer Flucht in ein illusorisches und künstliches Leben aufgefasst werden. Die Jugendzeit ist eine Zeit der Prüfungen und des Fragens, der Suche nach dem Sinn des Daseins und der Entscheidungen, die für die Zukunft wesentlich sind. Das Wachstum des Drogenmarktes und -konsums macht deutlich, dass wir in einer hoffnungsarmen Welt leben, wo es an kraftvollen menschlichen und spirituellen Angeboten fehlt. Deswegen denken viele Jugendliche, dass alle Verhaltensweisen gleichwertig sind, ohne dass sie das Gute vom Bösen unterscheiden können und ohne einen Sinn für irgendwelche sittlichen Grenzen zu finden. Hinter dem, was als Faszination für eine Art Selbstzerstörung erscheinen könnte, sollten wir bei den Jugendlichen einen Hilferuf auf einen tiefen Lebenshunger erkennen, den man berücksichtigen sollte, damit die Welt ihre Angebote und Lebensweisen radikal zu ändern vermag. Zu viele Jugendliche bleiben sich selbst überlassen und erfahren keine aufmerksame Gegenwart, keine stabile Familie. Sie erhalten ebenso wenig erzieherische Unterweisung, die die intellektuelle und sittliche Bemühung in ihnen weckt und ihnen hilft, ihren Willen zu formen und ihr Gefühlsleben zu meistern.

Von der Kraftquelle des Herzens

Um eure Sendung zu erfüllen, dürft ihr nicht an der Oberfläche eurer Person leben, sondern müsst tiefer gehen. Es gilt, die Tiefendimension der menschlichen Person zu erschließen, die Kraftquelle eures Herzens, den Wert der anderen, den Sinn des Geschehens. Ein oberflächliches Dasein löst schmerzliche Unzufriedenheit aus. Ist das nicht das Unbehagen, das viele junge Menschen spüren, die auf der Suche nach einem echten Weg sind? Das Echte findet sich nur in der Tiefe. Eine „Tiefe", wie die Droge sie vortäuscht, ist etwas Künstliches.
Es gibt aber leider eine Pseudoerkenntnis, eine Pseudofreiheit, ein naives sexuelles Sich-gehen-Lassen, die ebenso gefährliche Drogen sind wie die Halluzinogene.
Sich seiner selbst bewusst zu werden, sich selbst gegenwärtig zu sein, die wahren Sehnsüchte der Person aufzudecken, seine Fähigkeiten und seine Grenzen zu erkennen und anzunehmen – das sind auch die Vorbedingungen für eine echte Beziehung zu den anderen.

Vom Vertrauen

Habt Vertrauen! Das Wort Vertrauen macht die Lungen weit und gibt dem Herzen Flügel, gibt eine grenzenlose Erleichterung, es ist, als ob man einem Albtraum entkäme. Unser Zeitalter ist weithin von Angst und Furcht, von Bangen und Sorgen gekennzeichnet. Das Vertrauen stellt sich dem entgegen, was euch bekümmert. Ist es doch die Heiterkeit des Einsatzes, die überlegene Unerschütterlichkeit im Missgeschick, das Sich-verlassen auf die geheimnisvolle, wachsame Hilfe, die die Vorsehung keinem versagt.

Von der Antwort auf die Angst

Wir müssen unsere Angst vor der Zukunft überwinden. Wir können sie jedoch nur miteinander ganz überwinden. Die „Antwort" auf diese Angst ist weder Zwang noch Unterdrückung oder die Auferlegung eines einzigen Gesellschaftsmodells für die ganze Welt. Die Antwort auf die Angst, die die menschliche Existenz in unserer Zeit verdunkelt, ist die gemeinsame Anstrengung, um die Zivilisation der Liebe aufzubauen, die auf den universalen Werten des Friedens, der Solidarität, der Gerechtigkeit und der Freiheit gründet. Und die „Seele" der Zivilisation der Liebe ist die Kultur der Freiheit: Freiheit der Individuen und der Nationen, gelebt in freigiebiger Solidarität und Verantwortlichkeit. Wir dürfen keine Angst vor der Zukunft haben. Wir dürfen keine Angst vor dem Menschen haben. Jeder einzelne Mensch ist nach dem „Bild und Gleichnis" dessen geschaffen, der der Ursprung all dessen ist, was existiert. Wir tragen in uns die Fähigkeit zu Weisheit und Tugend. Mit diesen Gaben und mit der Hilfe der Gnade Gottes können wir für das nächste Jahrtausend eine der Menschenperson würdige Zivilisation, eine wahre Kultur der Freiheit errichten. Wir können und müssen es! Und indem wir es tun, werden wir uns bewusst werden können, dass die Tränen dieses Jahrhunderts den Boden für einen neuen Frühling des menschlichen Geistes bereitet haben.

Von der Heimat

Heimat, nach der sich jeder von uns sehnt, wächst dort, wo Menschen einander gut sind und füreinander eintreten, wo sie einander ertragen auch in ihren Schwächen, wo man Zeit hat für ein vertrauensvolles Gespräch, wo man bereit ist zu vergeben. Heimat bedeutet verantwortungsbewusste Gestaltung der Wohngemeinde und der Arbeitsstätte, bedeutet die aufmerksame Sorge für Sonn- und Feiertage, bedeutet die Pflege der Gastfreundschaft, der Nachbarschaftshilfe, der politischen Kultur. Solche Erfahrung von Heimat kann unter gläubigen Menschen sogar schon zur Vorahnung unserer ewigen Heimat werden.

Das Gebet

Betende nicht zu fotografieren, gebietet der Anstand. Bei Johannes Paul II. durften Presseleute eine Ausnahme machen. Denn die Versenkung ins Gebet gelang diesem Papst auch unter widrigen Umständen wie Blitzlichtgewitter, TV-Scheinwerfer und Gemurmel tausender Beobachter. Wer ihn beim Beten erlebt hat, spürte, wie tief Johannes Paul in Jesus Christus verwurzelt war und wie viel Kraft er aus dem innigen Zwiegespräch mit Gott schöpfte. So wurde der ins Gebet versunkene Papst zum Gegenbild des dynamischen Kirchenführers in wehenden Gewändern, des Wandersmannes, des Weltreisenden.

„Ich möchte zu allen Betenden gehen, wo immer sie auch beten", sagte der Papst 1979 vor seiner ersten Auslandsreise. „Zum Beduinen in der Steppe, zur Karmelitin oder zum Zisterziensermönch in ihren Klöstern, zum Kranken an sein Bett des Leidens, zum aktiven Menschen mitten im Leben, zu den Unterdrückten und Gedemütigten." In den Ländern, die er besuchte, betete Johannes Paul gerne an den Wallfahrtsorten. Sie nannte er die „wahren Zentren der Welt- und Heilsgeschichte", weil Menschen dort in der Begegnung mit Gott zu sich selbst finden. Das Bild zeigt ihn 1997 im polnischen Gnesen.

Als David in seine Heimat kam / Von den Dichtern

Ihr seid die Herzen,
die gebrannt sind in einem wunderbaren Ziegel.
Dieses Lied mit seiner Gluthitze
bringt euch zum Glühen
und schmilzt euch um.
Die Tische sollen sich unter dem Lied
und der Melodie senken!
Aus den Herzen wird diese Quelle hervorsprudeln,
aus den Wörtern und aus den Erzählungen.

Solch einer bin ich. Ich habe ein Herz, das sich
auflehnt gegen die Sklaverei der Lieder
und die Zeiten der Zerstörung.
O forme aus mir einen heiligen, beseelten Krug,
forme!
Damit ich die Sehnsüchte der Schöpfung
in einem Bach sammeln kann.

Von „Jedermann“

Wie fern ist der Gedanke an Erlösung dem reichen Mann inmitten seiner Schätze und Geschäfte, inmitten seiner Freunde und Feiern! Obwohl er sich gerade da in Gedankenlosigkeit und Härte von Tag zu Tag mehr in seinem Menschsein entstellt. Und wenn er dann in der Schule des Sterbens seine ganze Erlösungsbedürftigkeit durchkostet hat, fällt es ihm schwer, daran zu glauben, dass Erlösung möglich ist. Es ist ein Verdienst von Hofmannsthal, uns nicht nur das Versagen allen irdischen Halts und das Sichversagen aller Freunde beeindruckend vor Augen zu stellen; er meistert auch die viel schwierigere Aufgabe, vom unermüdlichen Erbarmen Gottes glaubhaft Zeugnis zu geben, das den sich verloren glaubenden Sohn behutsam aus seiner Verzweiflung abholt und Stufe für Stufe in jenes Licht führt, das ihm seit Ewigkeit bereitet ist.

An die Darsteller des Jedermann,
Audienz in Castel Gandolfo, 3. September 1983

II. Von Glaube, Hoffnung und Liebe

Vom steinigen Weg zum „Credo“

Es bedarf der Bereitschaft zur Hingabe, zum Sichverschenken, es bedarf auch der Bereitschaft zum Opfer und zum Verzicht, es bedarf eines großmütigen Herzens, um sagen zu können: „Credo – ich glaube.“ Wer aber diesen Mut hat, vor dem verschwinden die Dunkelheiten. Wer glaubt, hat den Leuchtturm gefunden, der ihm eine sichere Fahrt ermöglicht. Wer glaubt, kennt die Richtung. Wer glaubt, hat den Sinn gefunden, und kein Unsinn falscher Lehren kann ihn mehr in die Irre führen. Wer glaubt, hat einen Standpunkt und versteht, das Leben menschenwürdig und gottgefällig zu leben. Wer glaubt, kann sein Leben auch bewusst beschließen und Ja sagen, wenn Gott ihn in der letzten Stunde ruft.

Vom Glauben, der bis in die letzte Faser des Lebens dringt

Ihr fragt euch oft, allein oder in Gemeinschaft: „Was macht im Letzten mein Leben aus? Wo finde ich unbedingt Erstrebenswertes, das meinem Leben Sinn und Halt gibt, Beständigkeit und Zuverlässigkeit verleiht?“ Mit einer euch jungen Menschen eigenen Sensibilität ringt ihr um die tieferen Fragen nach dem Woher, dem Wozu, dem Wohin des Lebens; haltet ihr Ausschau nach wahren Werten, die für euch wichtig sind; sucht ihr nach Idealen, die euer Leben bereichern und für die zu kämpfen ihr bereit seid. Ich rufe euch zu: Lasst euch von eurem Suchen nicht abhalten, gebt euch nicht mit billigen Antworten zufrieden, prüft mit wachen Augen, was euch zum wahren Lebensglück dient!
Ihr wollt, dass euer Leben nicht sinnlos und belanglos wird, sondern dass es glückt. Auf die alles entscheidende Frage, wie dies zu erreichen ist, kann es für mich und, so hoffe ich, auch für euch nur eine Antwort geben: glauben! Denn genau dies heißt „glauben“: bis in die letzten Fasern eures Lebens hinein euch auf den leben-

digen Gott selbst einzulassen und euren Alltag von ihm her, mit ihm und auf ihn hin zu leben. Gott selbst ist ja ungewöhnlich, ja er sprengt all unsere Vorstellungskraft, denn er ist selbst einer von uns geworden, ist das Wagnis des Lebens mit uns eingegangen. Zusammen mit diesem alle menschlichen Grenzen sprengenden Gott kann auch euer Leben zu einem ungewöhnlich reichen und faszinierenden Abenteuer werden.

Vom Vertrauen auf Gott

Der Glaube ist ein Licht, gewiss, aber er ist kein erschöpfendes Begreifen des Geheimnisses. Im Gegenteil, glauben heißt, sich Gott und seinem Wort anzuvertrauen, das die Grenzen menschlicher Vernunft übersteigt. Glauben bedeutet, dass wir uns auf Gott stützen und in dieser Haltung die eigene Festigkeit und Zuversicht suchen und finden.

Vom liebenden Vater

Es liegt mir daran, diese seine außerordentliche Botschaft auszusprechen: „Gott ist Liebe."
Jeder kann sich daher an ihn wenden in der vertrauensvollen Gewissheit, von ihm geliebt zu werden. Was immer das persönliche Lebensschicksal sein mag, das der Einzelne hinter sich hat, welche enttäuschende Erlebnisse ihm das Leben auch bereitet hat, an einem darf er nie zweifeln: Im Himmel ist ein guter Vater, der um ihn weiß und der ihn liebt.
Wisst euch vom Herrn geliebt!

Vom Mut des Menschen

Wer nicht mehr den Mut aufbringt, sich der Zukunft zu stellen, bringt auch nicht den Mut auf, einer neuen Zukunft Leben zu geben.
Die in unserer Zeit so weit verbreitete lebensfeindliche Gesinnung – *anti-life mentality* – geht Hand in Hand mit dem Rückzug auf das kleine Glück des Augenblicks, auf die Abkapselung in der Freundschaft mit einem Partner, der uns wenigstens einen Augenblick lang verstehen und trösten soll. Aber so kann die Welt nicht fortschreiten, gerade auf diese Weise gefährden wir die Zukunft des Menschen, auf diese Weise verursachen wir die Rückschritte, denen wir entgehen wollen.
Wer glaubt, kann Ja sagen zu einer Zukunft, die nicht allein von äußerlich gesehenen Zukunftsperspektiven abhängt – mögen sie noch so großartig sein –, denn er glaubt an jenen Gott, der uns gerade in der Katastrophe des Kreuzes die große Zukunft geöffnet hat – eine Zukunft, die uns niemand nehmen kann. Er glaubt an jenen Gott, der Jesus zwar nicht vor dem Tod bewahrt, aber von den Toten auferweckt hat; darum hat er den Mut, die endgültige Zukunft dieser Welt anzunehmen und zu gestalten. Er weiß, dass es

der Mühe wert ist, jenes Maß an Liebe in diese Welt einzubringen, das eine rein rationale Berechnung unserer Zukunftsaussichten übertrifft. Nur wer an eine größere Zukunft in Gott glaubt, wird den Mut aufbringen, sich der begrenzten Zukunft der Welt zu stellen, und wird die Kraft haben, die auf dieser Zukunft lastenden Schatten zu zerstreuen.
Dort, wo wir unsere Grenzen berühren, wo wir uns begrenzt fühlen, dort steht Gott am Anfang. Vertrauen wir auf seinen immer neuen Anfang! Bauen wir seine Zukunft!

Von der Hoffnung

Wir können nicht ohne Hoffnung leben. Wir müssen einen Zweck im Leben haben, müssen unserer Existenz einen Sinn geben. Wir müssen nach etwas streben. Ohne Hoffnung fangen wir an zu sterben.
Warum geschieht es manchmal, dass eine scheinbar gesunde, in den Augen der Welt erfolgreiche Person zu viele Schlaftabletten nimmt und Selbstmord begeht? Warum erkennen wir andererseits in einer ernstlich behinderten Person so einen großen Lebenshunger? Liegt das nicht an der Hoffnung? Der eine hat alle Hoffnung verloren; im anderen ist die Hoffnung lebendig und überschäumend. Klar also, dass die Hoffnung nicht von Talenten und Begabungen kommt, nicht von körperlicher Gesundheit und Erfolg! Sie kommt von etwas anderem. Genauer gesagt, kommt die Hoffnung von jemand anderem, von jemandem, der über uns steht.
Die Hoffnung kommt von Gott, aus unserem Glauben an Gott. Menschen der Hoffnung sind jene, die daran glauben, dass Gott sie zu einem Zweck erschaffen hat und dass er für ihre Bedürfnisse sorgen wird. Sie glauben, dass Gott sie als treuer Vater liebt.

Vom Anfang der Revolution

Als ich als Priester, Bischof und Kardinal am Leben zahlloser junger Menschen an der Universität, in Jugendgruppen, bei Gebirgswanderungen, bei Gebets- und Meditationsstunden teilnahm, habe ich gelernt: Ein junger Mensch fängt an gefährlich zu altern, wenn er sich durch den leichten und bequemen Grundsatz täuschen lässt, dass „das Ziel die Mittel rechtfertigt", wenn er zu glauben beginnt, die einzige Hoffnung, die Gesellschaft zu verbessern, besteht darin, den Kampf und Hass zwischen den sozialen Gruppen zu fördern, oder in der Utopie einer klassenlosen Gesellschaft, die neue Klassen hervorbringt. Ich kam zu der Überzeugung: Nur die Liebe bringt zueinander, was verschieden ist, und schafft die Einheit in der Verschiedenheit. Die Worte Christi: „Das ist mein Gebot: Liebt einander, so wie ich euch geliebt habe" (Joh 15,12), erschienen mir damals über ihre unvergleichliche religiöse Tiefe hinaus auch der Keim und der Anfang der einzigen radikalen Veränderung, die es wert ist, von einem jungen Menschen geschätzt zu werden. Keim und Anfang der einzigen Revolution, die den Menschen nicht betrügt.

Vom Verlangen nach Liebe

Ihr seid so viel wert wie euer Herz. Die ganze Menschheitsgeschichte ist die Geschichte des Verlangens, zu lieben und geliebt zu werden.

Das Hören

Johannes Paul II. hat pro Tag drei bis vier Ansprachen gehalten: Audienzen, Predigten, Grußworte, Botschaften aller Art. Dabei war er im Grunde ein Zuhörer. Schon als Universitätslehrer stellte er seinen Studenten gerne Fragen, statt zu dozieren: didaktisch klug, wie die moderne Pädagogik weiß. Die Kunst des Zuhörens pflegte Johannes Paul auch als Pontifex. Der Brückenbauer – nichts anderes bedeutet „Pontifex" – betrachtete es als seine Aufgabe, zunächst den Standpunkt des Menschen auf der anderen Seite zu hören, unabhängig von dessen Rang, Ruf oder Religion. Doch es war keine Taktik. Wer ihn persönlich gekannt hat, berichtet, dass Karol Wojtyła ehrlich daran interessiert war zu erfahren, wie es um sein Gegenüber und wie es um die Welt „draußen" in allen Einzelheiten steht. Besonders gerne ließ sich der Papst beim Mittagessen Bericht erstatten. Manch ein Gast soll von der päpstlichen Tafel hungrig aufgestanden sein, weil die interessierten Fragen Johannes Pauls nach ausführlichen Antworten verlangten.

Das „Hören" auf eine Stimme gibt eine Richtung und eine Rangordnung vor. In Gestalt des „Gehorsams" wurde das „Hören" zu einer Grundtugend des Gottesvolkes; der polnische Papst verhalf ihr zur Blüte unter Kirchenoberhäuptern.
Das Bild zeigt Johannes Paul unter dem vatikanischen Wappen im Pressesaal des Heiligen Stuhles, wo er der Frage eines Journalisten zuhört.

Vom Adel der Seele

Die größte Bestimmung des Menschen ist die Berufung zur Liebe. Die Liebe ist der Sinn des menschlichen Lebens. Sie ist der Wesensgrund der Würde des Menschen, der Beweis des Adels seiner Seele.

Von der Frage, die das Herz öffnet

Liebst du? Eine Grundfrage, eine geläufige Frage. Es ist die Frage, die das Herz öffnet – und die dem Leben Sinn gibt. Es ist die Frage, die über die wahre Dimension des Menschen entscheidet. In ihr soll sich der ganze Mensch ausdrücken, in ihr soll er auch sich selbst überschreiten. Das menschliche Leben hat Wert und Sinn in dem Maße, als es Antwort ist auf die Frage: Liebst du? Nur daraufhin ist das Leben der Mühe wert, gelebt zu werden.

Von der Nächstenliebe

Es stimmt, dass die Seligpreisungen keine Gebote sind, aber sie sind natürlich alle in dem Gebot der Liebe enthalten, das das erste und größte ist.
„Selig, die arm sind vor Gott“ (Mt 5,3). Das ist genau die erste der acht Seligpreisungen, die Jesus in der Bergpredigt verkündete. Arm, weil sie bereit sind, immer jene hohen Gaben anzunehmen, die von Gott selbst kommen. Arm vor Gott – das sind jene, die in dem Bewusstsein leben, alles aus den Händen Gottes als unentgeltliche Gabe erhalten zu haben. Diejenigen, die offenen Herzens sind für Gott, sind deshalb auch offen für die Menschen. Sie sind bereit zu helfen. Bereit, alles, was sie haben, zu teilen: bereit, in ihrem Haus Witwen oder Waisenkinder aufzunehmen, die verlassen sind. Sie finden immer noch einen Platz inmitten der Enge, in der sie leben. Und so finden sie auch immer einen Bissen Nahrung, ein Stück Brot auf ihrem kargen Tisch. Arm, aber großzügig. Arm, aber großherzig. Arm vor Gott sind somit jene, die trotz der Entbehrungen irdischer Güter die Werte einer gotterfüllten geistlichen Armut mit menschlicher Würde zu leben wissen; und jene, die trotz Besitzes materieller Güter die innere Selbstlosigkeit und die Teilung der Güter mit denen, die Not leiden, leben.
Denen, die arm sind vor Gott, gehört das Himmelreich. Das ist die Belohnung, die Jesus ihnen verheißt.

Von der freiwilligen Armut

Heute sucht man im Leben des Menschen alles auf Zahlen und Berechnungen zu reduzieren. In manchen Situationen, in manchen politischen Systemen scheint der Mensch sich im Gestrüpp all dieser Ziffern zu verlieren, durch die er eine Bilanz seines Daseins zu ziehen versucht. Er spürt unwillkürlich, dass er überfahren wird von dieser Riesenmaschinerie der materiellen Macht, besser gesagt: der zahlreichen Mächte, die einander bekämpfen und im Grunde nichts mit dem Wohl und dem wahren Glück des Menschen zu tun haben. Vielmehr sehen diese Mächte im Menschen, in seiner Freiheit und inneren Wahrheit, ihre größte Bedrohung.
Das Kommen von Jesus von Nazaret in die Welt, die Menschwerdung des Wortes offenbart uns eine ganz andere Heilsordnung. Wir sehen, dass er, der vom Vater gesandt ist, sein ganzes Leben in radikaler Armut lebt. „Die Füchse haben ihren Bau und die Vögel ihr Nest; der Menschensohn aber hat nichts, wo er sein Haupt hinlegen kann." (Mt 8,20) Gott will „arm" sein, will „wehrlos" und „schwach" sein. Die Macht, die sich spüren ließ, wenn Jesus die Menschen lehrte, ist vollständig frei von den typischen menschlichen Beweggründen und Überlegungen.
Die Welt bedurfte so sehr eines von Grund auf

„anderen“ Machtverständnisses, einer anderen Welthierarchie, damit es dem Menschen von damals und dem Menschen von heute – auch dem kritischeren und misstrauischen – gelingt, daran zu glauben, dass es die Liebe gibt. An die Liebe zu glauben ist schwer. „Ich glaube nicht mehr an die Liebe“, sagt zuweilen ein Mädchen oder ein junger Mann, die enttäuscht worden sind. Zu sagen „Ich glaube nicht an die Liebe“ ist jeder geneigt, der von etwas Üblem bedrückt wird oder, noch schlimmer, in den Mechanismus des Konsumprozesses verstrickt ist, der die Welt und die Herzen der Menschen spaltet. Jesus Christus musste auf eine solche Weise in die Welt eintreten, dass sein ganzer Durchgang – „Pascha, Vorübergang des Herrn“ – von Anfang bis Ende bestätigte, dass es die Liebe gibt: „Gott hat die Welt so sehr geliebt, dass er seinen einzigen Sohn hingab“ (Joh 3,16).
Die Liebe geht Hand in Hand mit der Armut; ihre Macht ist nichts anderes als die äußerste Schwäche des menschgewordenen Wortes im Stall von Betlehem und am Kreuz. Jesus sucht einzig nach dem Wohl der Seinen. Ein anglikanischer Theologe, Bischof Robinson, nannte ihn „den Menschen für andere“. Er suchte allein das Wohl der Menschen, „damit jeder, der an ihn glaubt, nicht verloren geht, sondern das ewige Leben hat“ (Joh 3,16). Die Liebe ist eine Kraft und der Hauptinhalt des Heils. Der Mensch, selbst wenn er dem Evangelium sehr fern steht, ist bereit, anzuerkennen, dass Liebe und Rettung in enger Verbindung stehen.

Vom edlen Dienst am Leben

Liebe ist für uns in der Liebe Gottes verwurzelt. Dem Mitmenschen gegenüber ist sie zu immer neuen und kühnen Verwirklichungen fähig. Diese Liebe sucht nach Gerechtigkeit, Duldsamkeit, Freiheit und Achtung vor dem Gewissen und dem Leben der Mitmenschen. Sie ist der Weg zum wahren Frieden. Wir glauben, dass wir sie heute alle sehr notwendig haben: in den Familien; in den Stadtvierteln, in denen Menschen sehr verschiedener Herkunft nebeneinander leben; in den Betrieben, in denen die Interessen aufeinander prallen; zwischen den reichen und den armen Nationen und unter den verschiedenen Völkern der Erde.

Hat man nicht allzu oft die Liebe verkürzt auf persönliches Verlangen oder die Flüchtigkeit der Gefühle? Und ist dabei nicht das wahre Glück verloren gegangen, das in der rückhaltlosen Hingabe seiner selbst und in dem besteht, was das Konzil „den edlen Dienst am Leben“ nennt (vgl. *Gaudium et spes,* Nr. 51)? Müssen wir es nicht klar aussprechen, dass sich egoistisch selbst suchen statt das Wohl des anderen genau der Name für Sünde ist?

Von der Offenbarung der Liebe

Der Mensch kann nicht ohne Liebe leben. Er bleibt für sich selbst ein unbegreifliches Wesen: Sein Leben ist ohne Sinn, wenn ihm nicht die Liebe geoffenbart wird, wenn er nicht der Liebe begegnet, wenn er sie nicht erfährt und sich zu Eigen macht, wenn er nicht lebendigen Anteil an ihr erhält.

Von der Hingabe

Man ist aufgrund dessen glücklich, was man ist, und nicht aufgrund dessen, was man hat: Das Glück liegt im Herzen, in der Liebe, in der Hingabe für das Wohl der anderen, ohne etwas dafür zurückhaben zu wollen.

Von der Treue zum eigenen Ja

Es ist von Grund auf verfehlt zu glauben, die Verwirklichung der Person bestehe in dem Abenteuer, immer wieder von neuem beim Punkt Null zu beginnen, den Partner wechseln zu können, wann man wolle, statt – obwohl es Schwierigkeiten kostet – dem einmal gesagten Ja treu zu bleiben. Wer das Ja widerruft, das er einmal gesagt hat, wer die einmal gelobte Treue widerruft, wer die einmal geschenkte Liebe widerruft, reißt sich selbst von den Fundamenten los, in denen sein Leben verankert ist. Er hat keine Heimat mehr und wird in ein unaufhörliches Fallen hineingerissen, das im ersten Augenblick verlocken kann, aber unvermeidlich zur Selbstentfremdung, zum Verlust der eigenen Identität, zur Selbstzerstörung führt.

Die Treue zum eigenen Anfang: Das bedeutet Treue zu dem Partner, den ich vor Gott angenommen habe, und Treue zu mir selbst, der ich dieses Ja gesagt habe, Treue, die davon absieht, wie ich mich entwickelt und wie weit ich mich verwirklicht habe oder nicht, Treue zum Du, so wie es ist, ungeachtet, wie sich dieses Du entwickelt hat; diese Treue ist die tragende Struktur nicht nur der Ehe und Familie, sondern des menschlichen Daseins selbst, Gewähr für die Vertrauenswürdigkeit und Ordnung, ohne die die Menschlichkeit in den Abgrund stürzen würde.

Vom Wachen

Die Worte „Ich bin bei dir, ich denke an dich, ich wache“ sind ein inneres Programm der Liebe. Sie beschreiben Liebe nicht nach der Gefühlsskala, sondern nach der inneren Haltung, die sie darstellt. Lieben – das bedeutet: bei der Person sein, die man liebt. „Ich bin bei dir“ – das bedeutet zugleich: bei der Liebe sein, mit der ich geliebt bin. Lieben – das bedeutet weiter: denken, sich erinnern. Gewissermaßen mit dem Bild der geliebten Person in Auge und Herz einhergehen. Das bedeutet zugleich: über diese Liebe nachdenken, mit der ich geliebt bin, und ihre göttliche und menschliche Größe immer mehr vertiefen. Lieben – das bedeutet schließlich: wachen.
Was heißt das: „Ich wache“?
Es heißt, dass ich mich bemühe, ein Mensch mit Gewissen zu sein. Dass ich dieses Gewissen nicht betäube, nicht umforme. Dass ich Gut und Bös beim Namen nenne, nicht aber verwische. Dass ich in mir das Gute herausarbeite und mich bemühe, vom Bösen loszukommen, indem ich es in mir überwinde. Das ist eine so grundsätzliche Frage, dass man sie nie gering schätzen, nie in den Hintergrund drängen darf.

Nein, sie kommt überall und stets an erster Stelle. Sie ist umso wichtiger, je mehr die Umstände dafürzusprechen scheinen, dass wir das Böse tolerieren, uns leicht davon lossprechen sollen. Insbesondere, wenn andere so handeln.
„Ich wache" – das bedeutet weiter: Ich nehme den anderen wahr. Ich verschließe mich nicht in mir, nicht in dem engen Hinterhof meiner eigenen Interessen oder aber sogar der eigenen Werturteile. „Ich wache" – das bedeutet: Nächstenliebe; das bedeutet: grundlegende zwischenmenschliche Solidarität.
Meine teuren Freunde! Ihr müsst euch selbst fordern, auch wenn andere keine Anforderungen an euch stellen. Heute, da wir um die künftige Gestalt unseres gesellschaftlichen Lebens ringen, müsst ihr daran denken, dass diese Gestalt davon abhängt, wie der Mensch beschaffen sein wird.
Deshalb also: Wacht!

Von der segensreichen Liebe

Selbst wenn all das enttäuscht, was das Schicksal ausmacht – der Erfolg und das zeitlich begriffene Glück –, die Liebe aber überdauert, dann wird das ganze Leben zu einem Sieg. Und umgekehrt: Wenn die Liebe enttäuscht, wird das Leben selbst zur Niederlage, auch wenn sich das Schicksal auf anderen Gebieten als hold erweist.

Die Stimme

Bevor er seine Berufung zum Priester spürte, wollte Karol Wojtyła Schauspieler werden. Während des Krieges als Student gehörte er einer Untergrundbühne an und übernahm Hauptrollen in Dramen polnischer Autoren. Seine kraftvolle, melodiöse Stimme und seine Art zu sprechen waren das Erste, was ihm, dem Unbekannten, bei den Römern Sympathien einbrachte, als er an jenem 16. Oktober 1978 auf die Mittelloggia des Petersdomes trat und sich als neuer Papst vorstellte. Wie ein guter Schauspieler wusste Johannes Paul II. seine Stimme einzusetzen. Und er nahm sie – so wie seinen Körper – für das Amt in den Dienst. Allein mit der Tonlage konnte er auf Kopf, Bauch oder Herz seiner Hörer zielen. Er konnte beruhigen und anrühren, überzeugen und wüten, er zog alle Register. 1993 drohte der Papst auf Sizilien den Mafiabossen im Namen des gekreuzigten und auferstandenen Christus mit dem Jüngsten Gericht; die Menge hörte mit offenem Mund zu.

Schweigen, wo es zu reden galt, war nicht die Sache dieses Papstes. Dass seine Krankheit ihm gegen Ende die Kehle zuschnürte und die Stimme raubte, hat Karol Wojtyła vielleicht mehr geschmerzt als sein körperliches Gebrechen.
Das Bild zeigt Johannes Paul 1992 bei einer Ansprache in Sorrent.

Von den beiden Geboten der Liebe

Es gibt zwei Liebesgebote – aber nur eine Liebe. Ein und dieselbe Liebe umfängt Gott und den Nächsten. Gott: über allem – den Nächsten: nach dem Maß des Menschen, und daher soll man ihn lieben „wie sich selbst".
Man kann also die eine Liebe nicht von der anderen trennen. Die wahre Liebe zum Menschen, zum Nächsten, ist – schon weil sie wahre Liebe ist – zugleich die Liebe zu Gott.
Diese erstaunliche Feststellung ist wichtig für jene, die sich bemühen, die Menschen zu lieben, aber „nicht wissen, ob sie Gott lieben", oder die geradezu erklären, sie wüssten ihn nicht zu lieben. Das ist leicht begreiflich, wenn man die natürliche Verfassung des Menschen bedenkt. Ihm ist es leichter, zu lieben, was er sieht, als den zu lieben, den er nicht sieht.

Vom liebenden Blick Jesu Christi

Ich wünsche euch, dass ihr erfahren dürft, wovon das Evangelium spricht: „Jesus sah ihn an und gewann ihn lieb.“ Ich wünsche euch, diesen Blick Jesu erleben zu dürfen!
Ich wünsche jedem und jeder von euch, diesen Blick Christi zu entdecken und ihn bis in die Tiefe zu erfahren. In welchem Augenblick eures Lebens das sein wird, weiß ich nicht. Ich denke, es wird dann sein, wenn ihr es am meisten nötig habt: vielleicht im Leiden, vielleicht verbunden mit dem Zeugnis eines reinen Gewissens, wie bei jenem jungen Mann des Evangeliums; oder vielleicht gerade in der entgegengesetzten Situation, verbunden mit einem Schuldgefühl, mit Gewissensbissen. Christus blickt ja auch den Petrus an in der Stunde seines Versagens, als er seinen Meister dreimal verleugnet hatte.
Der Mensch braucht diesen liebevollen Blick; er muss das Bewusstsein haben, geliebt zu sein, von Ewigkeit her geliebt und erwählt zu sein. Diese ewige Liebe göttlicher Erwählung begleitet den Menschen durch sein Leben wie der liebende Blick Christi. Und vielleicht am stärksten im Augenblick der Prüfung, der Erniedrigung, der Verfolgung, der Niederlage, wenn unser

Menschsein vor den Augen der Leute fast ausgelöscht ist, geschändet und zertreten. Dann wird das Bewusstsein, dass der Vater uns immer schon in seinem Sohn geliebt hat, dass Christus selbst einen jeden ohne Unterlass liebt, zu einem festen Halt für unsere gesamte menschliche Existenz. Wenn alles für den Zweifel an sich selbst und am Sinn des eigenen Lebens spricht, dann lässt uns dieser Blick Christi überleben, das Bewusstsein von jener Liebe, die sich in ihm mächtiger als jedes Übel und jede Zerstörung erwiesen hat.

III.
Vom Dienst der Kirche

Vom Geschenk Gottes an die Kirche

Der Glaube ist nicht die jeweils neueste Nachricht, die heute Schlagzeilen macht und morgen schon vergessen ist. Der Glaube ist nicht eine Lehre, die man sich selbst zurechtlegt nach eigenem Gutdünken und nach den jeweiligen Bedürfnissen. Er ist nicht unsere Erfindung, unsere Leistung. Der Glaube ist ein großes Geschenk Gottes an die Kirche durch Jesus Christus.

Von den Schwächen der anderen

Vielleicht habt ihr Priester, Ordensleute, Ehepaare und Familien gekannt, die nicht ihrer hohen Berufung entsprechend lebten. Nur Gott kann über die Herzen anderer urteilen; wir dürfen nicht ihre Schwächen und Misserfolge vorschützen, um uns den Pflichten unserer christlichen Berufung zu entziehen.

Von der Fehlbarkeit der Kirche

Habt Geduld mit der Kirche! Die Kirche ist immer auch eine Gemeinschaft von schwachen und fehlerhaften Menschen. Und ich möchte hinzufügen: Das ist zugleich unser aller Glück. Denn in einer Kirche von nur Vollkommenen hätten wir wohl selbst keinen Platz mehr … Gott selbst will eine menschliche Kirche. Deshalb kann es auch Kritik an der Kirche geben, aber sie muss fair sein und getragen von großer Liebe zur Kirche. Gott hat sein Heilswerk, seine Pläne und Anliegen in die Hand von Menschen gelegt. Dies ist gewiss ein großes Wagnis; aber es kann keine andere Kirche geben als die von Christus gestiftete. Er will uns Menschen als seine Mitarbeiter in der Welt und in der Kirche mit all unseren Mängeln und Unzulänglichkeiten, aber auch mit all unserem guten Willen und unseren Fähigkeiten. Er will auch euch!

Von den Priestern der Zukunft

Wenn ein junger Mann sich zum Priesterdienst berufen fühlt, wird er in Wirklichkeit von einem Antrieb zur Nächstenliebe beseelt. Deshalb versteht man, warum die Vorbereitung auf den Priesterberuf eine ernsthafte Erziehung zur Liebe einschließt. Die jungen Männer müssen vor allem in ihrem Inneren überzeugt sein von der grundlegenden Bedeutung der Liebe. Das Seminar, in dem sie ausgebildet werden, muss ein echtes Umfeld brüderlicher Liebe sein, in dem sie diese Tugend in der täglichen Erfahrung der Kontakte mit den anderen üben können. Diese „Lehrzeit der Liebe" hat viele Aspekte, wie die Erziehung zur Suche nach Eintracht trotz der Charakterunterschiede, zum Wohlwollen und zur Achtung durch die Hochschätzung der Fähigkeiten des anderen, zum unmittelbaren Verzeihen der Beleidigungen und zur eifrigen Hingabe.

Die Welt läuft Gefahr, sich zu verschließen und nur die eigene Befriedigung zu suchen. Es muss Menschen geben, die fähig sind, die Welt über ihren eingegrenzten Horizont hinauszuführen und ihre Augen und ihr Herz zu Gott zu erheben.

Vom Ordensleben

Euer Leben im Konvent ist so geordnet, dass es die Gotteserfahrung begünstigt; eure Zurückgezogenheit von der Welt und die Einsamkeit; euer Schweigen, das ein Schweigen des Hörens, ein Schweigen der Liebe ist: Askese, Buße, Arbeit, die euch am Erlösungswerk teilhaben lassen; die immer wieder erneuerte schwesterliche Gemeinschaft; die tägliche Eucharistiefeier, die euer Opfer mit dem Opfer Christi vereint.
Immer mehr Menschen, darunter viele Jugendliche, suchen die kostenlose Aufnahme, das Gebet und die Kontemplation, suchen die Menschen, die nach dem Absoluten dürsten. Viele kommen in eure Klöster auf der Suche nach geistlichen Werten. Bezeugt für all diese Gottsucher durch die Wahrhaftigkeit und Transparenz eurer Persönlichkeit, dass die Bindung an Christus euch frei macht und die Gotteserfahrung euch erfüllt.
Ohne euch den Erfordernissen des kontemplativen Lebens zu entziehen, sollt ihr die Ausdrucksformen finden, die eure radikale Entscheidung für Gott der Kultur unserer Zeit verständlich machen.
Die Hingabe eures Lebens an Christus und die anderen, ohne dafür Lohn zu erwarten, ist viel-

leicht der am dringendsten notwendige Protest gegen eine Gesellschaft, in der Profit zum Idol geworden ist. Eure Lebensentscheidung überrascht, fragt, begeistert oder verwirrt diese Welt, lässt sie aber nie gleichgültig. Auf jeden Fall, das Evangelium ist immer ein Zeichen des Widerspruchs.
Ihr werdet nie von allen verstanden werden. Doch fürchtet euch nicht, eure Weihe an den Herrn zum Ausdruck zu bringen! Liebe Schwestern, lebt in der Hoffnung! Haltet die Augen fest auf Christus gerichtet und wandelt festen Schrittes auf seinen Spuren!

Vom Kreuz

Im Kreuz ist Hoffnung für eine christliche Erneuerung Europas, aber nur wenn wir Christen selbst die Botschaft des Kreuzes ernst nehmen.
Kreuz besagt: das Leben für den Bruder einzusetzen, um es zusammen mit dem seinen zu retten.
Kreuz besagt: Liebe ist stärker als Hass und Rache – Geben ist seliger denn Nehmen – Sich-selbst-Einsetzen bewirkt mehr als bloßes Fordern.
Kreuz besagt: Es gibt kein Scheitern ohne Hoffnung – keine Finsternis ohne Stern – keinen Sturm ohne rettenden Hafen.
Kreuz besagt: Liebe kennt keine Grenzen – beginne mit dem Allernächsten und vergiss nicht den Fernsten!
Kreuz besagt: Gott ist immer größer als wir Menschen, größer als unser Versagen – Leben ist stärker als der Tod.

Vom Gott, der bei euch wohnt

Zerreiße die Decke, zertrümmere die Wände,
wirf die Altäre um.
Komm, Erlöser, du Aufgerufener
im Glanz eines Rosenscheins.

Mit Gold ist dein Antlitz überzogen,
mit Gold geschmückt ist dein Festkleid.
Du erfülltest die Geheimnisse der Nacht,
mit Funken mähen deine Augen.

Auf den Silbersarg schlage mit den Pflöcken.
O Erlöser, zerreiß die Fesseln.
Das ist der sonnige Ruf:
Ich bin mit euch,
des Tempels Herr und Sieger.

Sage das: Ich kam, als Gott kam ich,
und andere über mir gibt es nicht.
Und es gibt keine Gewalten mehr über mich.
In diese Steine meißelte ich mich ein.

Aus den Funken, die unter den Füßen brennen,
werde ich einen neuen Tempel errichten.
Und ich, Gott, werde bei euch wohnen,
das sind meine Worte.

IV.
Vom Leben mit Gott

Von der innerlichen Handlung

Das Verstummen ist der Abend
der menschlichen Worte
in eine innerliche Handlung:
das Schluchzen im Gebet.

Die Privatkapelle

Vom Schreibtisch zum Altar hatte es Johannes Paul nur ein paar Schritte weit. Das verdankt er seinem Vorgänger Pius XII. (1939–1958). Denn viele Jahrhunderte war es nicht üblich, dass Päpste eine Privatkapelle in ihrer Wohnung haben, erst Pius bestand auf der räumlichen Nähe von Alltag, Arbeit und Gebet. Der kunstsinnige Paul VI. (1963–1978) ließ den Andachtsraum in den Gemächern des Apostolischen Palastes in den 60er Jahren modern ausgestalten. Dafür holte er, ganz so wie Päpste früherer Jahrhunderte es getan hätten, eine Gruppe zeitgenössischer italienischer Künstler, angeführt in diesem Fall von dem Bildhauer Lello Scorzelli, der auch den Kreuzstab des Papstes schuf.

Das auffallendste Element der Kapelle ist ihre Glasdecke. Die großen, durchleuchteten Darstellungen im Zentrum zeigen den Heiligen Geist über dem auferstandenen Christus, umgeben von Engeln. In der Mitte des rechteckigen Raumes befindet sich der Betstuhl des Papstes. Hierher zog Johannes Paul sich mehrmals am Tag mit seinem Brevier zurück. Vor allem aber hat er an diesem Ort jeden Tag um sieben Uhr früh die heilige Messe gefeiert. Oft lud er dazu Besucher ein. Am Ende seines Pontifikates war der nahezu bewegungsunfähige Johannes Paul besonders dankbar für die räumliche Nähe seiner Privatkapelle.

Vom Sprechen mit Gott

Ich wünsche euch ein „Wachsen“ durch den Kontakt mit Gott. Direkt dient dazu vor allem das Gebet. Betet und lernt beten! Öffnet vor ihm, der euch besser kennt als ihr euch selbst, euer Herz und Gewissen! Sprecht mit ihm!

Vom Gebet

Das Gebet ist eine Tat der Hoffnung. Es ist Ausdruck der Hoffnung, ihr Zeichen für die Welt, für den Menschen. Das Gebet ermöglicht es uns, wie der Apostel sagt, der Erfüllung der Hoffnung entgegenzublicken, der Wirklichkeit entgegenzusehen, nach der sich das Menschenherz sehnt: „Hoffen wir auf das, was wir nicht sehen, dann harren wir aus und warten geduldig." (Röm 8,25)
Das Gebet ist nötig, um im Guten auszuharren; es ist nötig, um in den Prüfungen zu bestehen, die das Leben mit sich bringt und denen der Mensch infolge seiner Schwäche unterworfen ist. Das Gebet ist die Kraft der Schwachen und die Schwäche der Starken!
Das Gebet ist gewissermaßen ein Element des Menschseins in der Welt, das ein „Sein zu Gott hin" ist. Man stellt sich in ihm gleichsam auf die Wellenlänge Gottes ein in demütigem, doch mutigem Sicheinfühlen und Sicheinfügen in die Tiefe des Denkens Gottes, seines Mysteriums, seiner Pläne. Das Gebet ist schließlich irgendwie ein „Berühren" der Quelle göttlicher Kraft: des Willens und der Gnade Gottes. Es ist – wie Paulus sagt – ein Wirken des Heiligen Geistes in uns.

Papst Johannes Paul II

Von der Begegnung mit Gott

Was nämlich ist die Heiligkeit, wenn nicht die freudige Erfahrung der Liebe Gottes und der Begegnung mit ihm im Gebet? Heilig sein bedeutet, in tiefer Gemeinschaft mit dem Gott der Freude zu leben, ein Herz zu besitzen, das frei von Sünde und den Traurigkeiten der Welt ist, und eine Intelligenz zu haben, die sich ihm unterordnet.

Liebe Freunde, Gott hat den Menschen für die Freude erschaffen, ich möchte sagen, er hat vor allem euch für die Freude geschaffen. Gott ist Freude, und in der Lebensfreude findet sich der Abglanz der ursprünglichen Freude, die Gott bei der Erschaffung des Menschen erfüllte. Verbreitet diese Freude!

Papst Johannes Paul II

Vom Rosenkranz

Das Rosenkranzgebet, das seine Wurzeln auch im deutschen Sprachraum hat, ist gerade für den Menschen unserer Zeit eine große Hilfe. Es vermittelt Ruhe und Sammlung; es trägt unser Leben hinein in die Geheimnisse Gottes, es trägt hinein in unser Leben. Denken und Fühlen lösen sich allmählich aus der Bedrängnis und Vordergründigkeit unserer Probleme und Interessen und öffnen sich immer mehr dem Wirken Gottes.
Die Worte, die wir dabei sprechen, können unsere ganze Aufmerksamkeit ausfüllen; sie treten aber auch gerne zurück und werden zum äußeren Rahmen, der vor Ermüdung und Zerstreuung schützt, zu einer Grundmelodie, welche vieles in uns zum Klingen bringt.

Vom Geist der Sammlung

Der menschliche Geist, nämlich die Fähigkeit des Menschen, zu verstehen, zu wollen, zu lieben, macht sein Menschsein aus. Hütet um jeden Preis in euch und um euch den heiligen Bezirk des Geistes! Ihr wisst, dass es in der heutigen Welt totalitäre Systeme gibt, die den Geist lähmen, seine Integrität verletzen, der Identität des Menschen Abbruch tun, indem sie ihn zum Objekt, zur Maschine entwürdigen, ihm seine innere Spannkraft, seinen Drang zur Freiheit und Liebe rauben. Ihr wisst gleichfalls, dass es Wirtschaftssysteme gibt, mit deren glanzvoller industrieller Expansion eine Abwertung und Zersetzung des Menschen einhergeht.
Ich wünsche euch den Geist der Sammlung, der Innerlichkeit. Jeder von euch soll den Primat des Geistes verteidigen und zur Ehre dessen beitragen, was nicht nur Wert für die Zukunft, sondern für die Ewigkeit hat. Wenn ihr so lebt, seid ihr, ob gläubig oder nicht, Gott ganz nahe. Gott ist Geist!

Vom Dank

Das Wort „Eucharistie" besagt Danksagung, Bekenntnis einer Dankbarkeit ohne Vorbehalte. Das ist die Haltung, die den Christen kennzeichnen muss.
Diese Haltung der Dankbarkeit scheint meilenweit entfernt von jener, die in unserem Alltag tatsächlich vorherrscht, der oft bedrängend mit dem konfrontiert wird, was fehlt, mit dem, was, mühevoll gesucht, unsere Erwartungen und unsere Wünsche am Ende doch enttäuscht. Dankbarkeit scheint also weit davon entfernt, unsere Beziehungen zu Gott und zur Gemeinschaft grundlegend zu bestimmen.
Der Mensch, der sich häufig beklagt, der Mensch, der immer nur das sieht, was seinem Leben fehlt, kann weder seine Existenz als Geschenk einer unendlichen Liebe erkennen noch die Güte Gottes in der Gemeinschaft, in der er lebt. Die heiligste Eucharistie hingegen lehrt uns zu danken, Geschenke auszutauschen.
Aus dieser „eucharistischen" Ethik, der Ethik des Dankens, ergibt sich die richtige Beziehung zu Gott und zur Gemeinschaft. Die Verehrung der Eucharistie lehrt uns das Geheimnis der Gemeinschaftsbeziehungen: Die von ihr ausgehende

Freude besteht mehr im Geben denn im Nehmen; sie besteht darin, dass der Liebe der Vorrang gegenüber der Gerechtigkeit gegeben wird; wir lernen, auch dann zu danken, wenn uns gegeben wird, was uns von Rechts wegen zusteht. Sie lehrt uns, dass, wenn wir geben, Gott uns mehr und Besseres gibt, als wir nach unseren eigenen Plänen und Ansprüchen hätten wünschen oder erlangen können.
Die Ethik des Gebens, die der Verehrung der Eucharistie entspringt, lehrt uns, auch dann auf Gott zu vertrauen, wenn er uns zeitweise in Not und Schwierigkeiten lässt; sie gibt unserem Geist auch mitten in der Trübsal Frieden und Geduld.

Von der Eucharistie

Ich konnte die heilige Messe in Kapellen an Gebirgspfaden zelebrieren, an Seeufern, an Meeresküsten; ich habe sie an Altären gefeiert, die in Stadien errichtet waren, auf den Plätzen der Städte ... Diese so vielfältige Szenerie meiner Eucharistiefeiern lässt mich deutlich ihren universalen und sozusagen kosmischen Charakter erfahren. Ja, kosmisch! Denn auch dann, wenn man sie auf dem kleinen Altar einer Dorfkirche feiert, wird die Eucharistie immer, in einem gewissen Sinne, auf dem Altar der Welt zelebriert. Sie verbindet Himmel und Erde. Sie umfasst und erfüllt alles Geschaffene. Der Sohn Gottes ist Mensch geworden, um dem, der alles aus dem Nichts geschaffen hat, alles Geschaffene in einem höchsten Akt des Lobes zurückzuerstatten.

Von Gottes Gegenwart

Seit mehr als einem halben Jahrhundert sind meine Augen jeden Tag auf die weiße Hostie gerichtet, in der Zeit und Raum in gewisser Weise „zusammenfallen“ und in der das Drama von Golgota lebendig gegenwärtig wird sowie seine geheimnisvolle „Gegenwärtigkeit“ enthüllt. Jeden Tag hat mein Glaube im konsekrierten Brot und im konsekrierten Wein den göttlichen Wanderer erkennen können, der sich eines Tages an die Seite der zwei Jünger von Emmaus gesellte, um ihnen die Augen für das Licht und das Herz für die Hoffnung zu öffnen (vgl. Lk 24,13–35). Hier ist der Schatz der Kirche, das Herz der Welt, das Unterpfand des Ziels, das jeder Mensch, sei es auch unbewusst, erstrebt. Ein großes Geheimnis, das uns überragt und sicherlich das Verstehensvermögen unseres Geistes auf die harte Probe stellt, über den Augenschein hinauszugehen.

Von der Mühe mit der Beichte

Die Pflicht, sich an den Priester als Diener der Vergebung zu wenden, stellt für die Gläubigen in der Praxis nicht selten eine große Schwierigkeit dar. „Warum“, so fragt man, „soll ich einem Menschen wie mir mein Innerstes und meine verborgene Schuld enthüllen?“ „Warum“, so fragt man weiter, „kann ich mich nicht direkt an Gott oder an Christus wenden, sondern muss die Vermittlung eines Menschen in Anspruch nehmen, um die Vergebung meiner Sünden zu erlangen?“

Solche Fragen mögen eine gewisse Stichhaltigkeit besitzen, was die Anstrengung betrifft, die das Bußsakrament wohl immer erfordert. Im Grunde lassen sie jedoch ein Nichtverstehen oder ein Nichtannehmen des Geheimnisses der Kirche erkennen.

Gewiss: Der Mensch, der die Absolution erteilt, ist ein Bruder, der seinerseits auch beichten muss, weil er trotz seiner Verpflichtung zu persönlicher Heiligkeit weiterhin den Grenzen der menschlichen Schwachheit unterworfen bleibt. Der Mensch, der die Lossprechung erteilt, gewährt die Vergebung der Schuld jedoch nicht im Namen besonderer menschlicher Gaben, wie

Intelligenz oder psychologisches Verständnis, Freundlichkeit oder Liebenswürdigkeit; er gewährt die Vergebung der Schuld auch nicht im Namen seiner eigenen Heiligkeit.
Wenn er die Hand segnend zur Lossprechung erhebt, handelt er vielmehr in persona Christi, nicht bloß als sein Vertreter, sondern auch und vor allem als sein menschliches Werkzeug, in dem verborgen und wirklich Jesus selbst gegenwärtig ist und handelt, der „Gott mit uns", der gestorben und auferstanden ist und lebt um unseres Heils willen.
Richtig betrachtet, ist die Vermittlung der Kirche, trotz des Unbehagens, das sie bisweilen hervorrufen mag, eine äußerst menschliche Methode, Gott, der uns von unserer Schuld befreit, nicht zu einer fern liegenden Abstraktion werden zu lassen, das heißt am Ende zu einem farblosen, verwirrenden und bedauernswerten Bild unserer selbst. Durch die Vermittlung des Dieners der Kirche macht sich dieser Gott in seiner Konkretheit eines Herzens, dem gleichfalls vergeben wurde, zu unserem Nächsten.

Vom Bekennen der eigenen Schuld

„Wenn wir unsere Sünden bekennen, ist Er treu und gerecht; Er vergibt uns die Sünden und reinigt uns von allem Unrecht.“ (1 Joh 1,9)
Der Mensch hat Mühe zuzugeben, dass die schlechte Wahl die Harmonie zerbricht, die zwischen ihm und den Brüdern sowie zwischen ihm und den Realitäten des Kosmos herrschen muss. Vielleicht sollte man betonen: Die eigene Schuld bekennen heißt nicht, sich lediglich der Ereignisse in ihrer nackten Tatsächlichkeit zu erinnern, indem man bloße Haltungen und Handlungen wieder ins Gedächtnis zurückruft. Seine Schuld bekennen bedeutet vielmehr, die Vorsätzlichkeit, die hinter unseren einzelnen Taten steht, ans Licht zu bringen.
Das erfordert den Mut, die eigene Freiheit zuzugeben, die zum Bösen missbraucht wurde. Das verlangt, sich den moralischen Forderungen zu stellen, die Gott unserem Innern als zur Vollkommenheit führende Gebote eingeprägt hat, als er uns „nach seinem Abbild und Gleichnis“ erschaffen hat. Das verlangt insbesondere, dass wir „in uns gehen“ (vgl. Lk 15,17), um das Offensichtliche sprechen zu lassen: Unsere schlechten Entscheidungen gehen nicht an uns

Die Beichte

Ein Papst im Beichtstuhl, daran hatten Kurie und Welt sich gewöhnen müssen. Für Johannes Paul gehörte das Spenden des Bußsakramentes zu seinem priesterlichen Dienst. Am ersten Karfreitag seines Pontifikates soll er sich im Petersdom heimlich in einen Beichtstuhl mit der Aufschrift „Beichte in acht Sprachen" gesetzt und nichts ahnenden Pilgern die Lossprechung erteilt haben. Danach wurde die Übung fester Bestandteil der Karwoche des Papstes.

Mit welcher Großzügigkeit Johannes Paul II. selbst zur Versöhnung bereit war, hat manche Beobachter erstaunt. Als am 13. Mai 1981 der türkische Terrorist Ali Agca auf dem Petersplatz Schüsse auf ihn abfeuerte und ihn lebensgefährlich verletzte, verzieh er ihm noch im Krankenwagen zur Intensivstation, bevor er ohnmächtig wurde. Seine große Vergebungsbitte beim jüdischen Volk im Namen der Kirche ist in die Geschichte eingegangen.

Dabei beginnt jeder Friedensschluss zwischen Völkern, jede Versöhnung nirgendwo sonst als im Herzen des Menschen, der sie mit einer Geste besiegeln muss. Das hat Johannes Paul immer betont. Je mehr Katholiken sich mit einem beschämten Lächeln von der Beichte abwandten, desto nachdrücklicher pochte der Papst auf die heilende Kraft des Sakramentes. Jeder Beichtstuhl, so schrieb er einmal, „ist ein privilegierter und gesegneter Ort", und in seinem Inneren entsteht „neu und makellos ein versöhnter Mensch, eine versöhnte Welt".

vorbei; sie bestehen nicht vor uns; sie gehen nicht durch uns hindurch, als handelte es sich um Vorkommnisse, die nichts mit uns zu tun haben. Unsere bösen Entscheidungen entstehen, insofern sie böse sind, in uns, einzig und allein in uns.

Gott gewährt uns seine Mitwirkung, damit wir handeln können; die negative Prägung unseres Handelns jedoch hängt allein von uns ab. Wir sind es, die mittels der Freiheit, die uns Gott als Gabe und Aufgabe anvertraut hat, bestimmen, ob wir uns für Gott oder gegen Gott entscheiden.

Von der Vergebung

Wenn wir Gläubige unsere Häuser und unser Alltagsleben verlassen und uns auf den Weg machen, um das Erbarmen des Herrn zu empfangen – der uns im Sakrament der Versöhnung von unserer Schuld befreit –, welche Überzeugungen und Gefühle sollen wir dann in unserem Herzen hegen?
Zunächst müssen wir uns gewiss sein, dass wir damit bereits eine Antwort geben! Oberflächlich betrachtet, mag diese Bemerkung seltsam erscheinen. Man mag sich fragen: Sind nicht wir, nur wir, diejenigen, die die Initiative ergreifen, um die Vergebung der Sünden zu erbitten? Sind nicht wir, nur wir, diejenigen, die über die Beleidigung der Liebe Gottes Rechenschaft geben und sich daher entschließen, sich seiner Barmherzigkeit zu öffnen?
Gewiss, unsere Freiheit ist auch erforderlich. Gott zwingt seine Vergebung dem, der sie ablehnt, nicht auf. Und doch hat diese Freiheit tiefere Wurzeln und höhere Ziele, als unser Bewusstsein zu begreifen vermag.

Gott kommt uns zuvor, wenn wir ihn um Versöhnung bitten. Er wartet auf uns. Wir würden uns nicht von unserer Sünde lossagen, hätte Gott uns nicht bereits seine Vergebung angeboten. Dem Anschein nach sind wir es, die die ersten Schritte tun; in Wirklichkeit steht am Beginn der Erneuerung unseres Lebens der Herr, der uns erleuchtet und anspornt. Er ist es, dem wir folgen. Dankbarkeit muss unser Herz erfüllen, noch ehe wir durch die Absolution der Kirche von unserer Schuld befreit werden.

Von der Erhabenheit des bekennenden Sünders

Der Mensch, der um seiner Verfehlungen willen im Beichtstuhl kniet, betont damit seine Menschenwürde. Mögen seine Verfehlungen noch so sehr auf seinem Gewissen lasten, mögen sie seine Würde noch so sehr beeinträchtigt haben, der Bekenntnisakt, die Umkehr zu Gott lässt die besondere Würde des Menschen, seine geistige Größe aufscheinen. Wie groß ist doch dieser Moment, in dem der Mensch zu dem steht, was er innerlich ist, und sich direkt an Gott wendet.

Von der Ankunft Gottes

Der Advent spricht von dieser Liebe, die „nicht vom Menschen weicht".
Gott entfernt sich nicht vom Menschen. Er kehrt immer wieder zu ihm zurück. Er „kommt" immer. Jedes Jahr erlebt die Kirche aufs Neue das Geheimnis vom Kommen Gottes.
Der Advent bezeugt, dass die heutige Welt Gottes Heilsplan nicht zu vereiteln vermag.

V.

Vom Glauben im Alltag

Vom Sonntag

Alle schöpferischen Fähigkeiten des Menschen sind eine Teilhabe an Gottes Schaffen und Gestalten. Ohne das Gegengewicht einer geistigen Grundlage und Wertung wird die Arbeit sinnlose Hetze, das Streben nach Fortschritt blind, und das Leistungsstreben verliert sein Maß. Darum muss die werktägliche Arbeit immer wieder Maß nehmen am Sonntag, dem Tag des Herrn. Der recht begangene Sonntag befreit den Menschen aus vielfältigen Zwängen. Als Tag der Feier und der Ruhe schenkt er Zeit für Besinnung und Begegnung mit Gott und den Mitmenschen. Für die Christen ist der Sonntag der Ur-Feiertag, an dem wir uns im Gottesdienst versammeln, um das Wort Gottes zu hören und an der Eucharistiefeier teilzunehmen. So ist der Sonntag von hohem kulturellem und religiösem Wert. Er ist wichtig für die christliche Gemeinde, aber auch für die gesamte Gesellschaft. Darum muss der Sonntag auch in Zukunft geschützt bleiben. Er darf durch keinen anderen Tag ersetzt werden.

Von der Schöpferkraft des Menschen

Die menschliche Arbeit ist eine Wirklichkeit, die die schöpferische Fähigkeit des Menschen in ihrer Größe und Kühnheit zeigt. Sie ist sein Erbe von Anfang an, die Grunddimension der Existenz des Menschen auf Erden. Für den Menschen hat die Arbeit nicht nur technische Bedeutung, sondern auch ethischen Sinn. Die Arbeit soll dem Menschen helfen, besser zu werden, geistig reifer, verantwortungsbewusster, damit er seine Bestimmung auf Erden verwirklichen kann. Die Arbeit soll dem Menschen helfen, mehr Mensch zu werden.

Vom Weg zur Vollkommenheit

Der Mensch ohne Arbeit ist in seiner Menschenwürde verletzt. Wenn er wieder zu einem aktiven Arbeiter wird, gewinnt er nicht nur eine Entlohnung zurück, sondern auch jene wesentliche Dimension des Menschseins, die die Arbeit ist; für den Christen ist sie in der Ordnung der Gnade der normale Weg zur Vollkommenheit.

Von Jesus, dem Arbeiter

Der Sohn Gottes wurde Mensch und arbeitete mit Menschenhänden. Wir wissen, dass der Mensch durch seine Arbeit am Werk des Schöpfers teilhat. Er setzt es fort und vollendet es in gewissem Sinne durch seine Arbeit, seine Plage, seine tägliche Mühe, der Erde oder dem Meer den Lebensunterhalt abzuringen oder seine Kräfte auf die vielen verschiedenen Produktionsprozesse zu verwenden. Wie edel ist diese Sendung, die einzig und allein der Mensch – durch seine Arbeit – durchzuführen imstande ist!
Jesus selbst hat diese Wahrheit – dass der Mensch durch seine Arbeit am Werk des Schöpfers teilhat – besonders betont. Denn Jesus war selbst ein Mensch, der arbeitete, ein Handwerker wie Josef aus Nazaret. Jesus gehört eindeutig der „Welt der Arbeit" an. Dasselbe gilt für die meisten seiner Jünger und Zuhörer: Sie waren gewöhnliche Fischer, Bauern und Arbeiter. Deshalb gebraucht Jesus, wenn er vom Reich Gottes spricht, stets Begriffe, die mit der menschlichen Arbeit verknüpft sind: mit der Arbeit des Hirten, des Bauern, des Arztes, des Sämanns, des Hausherrn, des Knechtes, des Verwalters, des Fischers, des Kaufmanns, des Arbeiters. Und er

vergleicht den Aufbau des Reiches Gottes mit der manuellen Arbeit von Erntearbeitern und Fischern.

Aus Jesu eigener Lehre ersehen wir ganz klar, dass der arbeitende Mensch viel bedeutender ist als das Produkt seiner Arbeit. Menschliche Arbeit kommt vom Menschen; sie soll dem Menschen zum Nutzen gereichen, seine ihm von Gott geschenkte Würde fördern. Auch die großartigste Stadt, der komplizierteste Computer, die größte Nation ist immer etwas, das vom Menschen gemacht wurde und dem Menschen dienen und nützen soll. Niemals umgekehrt!

Von der Würde der Arbeit

Die Welt der Arbeit ist mir aus jungen Jahren vertraut. Als Arbeiter unter Arbeitern habe ich selbst die Solidarität und Verlässlichkeit von arbeitenden Menschen erfahren, aber auch die Last und Härte der körperlichen Arbeit. Die Arbeit gehört zum Menschen. Sie ist Ausdruck seiner Ebenbildlichkeit mit Gott und somit unverzichtbarer Bestand menschlicher Würde.

Die Arbeit

Papst Johannes Paul II. hat bis zu siebzehn Stunden täglich gearbeitet, sieben Tage in der Woche, mit Ausnahme der Sommerferien. Am Vormittag begann er sein Pensum in der Privatbibliothek im zweiten Stock des Apostolischen Palastes. Dort empfing er Staatsoberhäupter, Kardinäle, Minister und Botschafter in Privataudienz, außerdem täglich Mitarbeiter der Kurie.

Am Nachmittag arbeitete der Papst für gewöhnlich im Studio seiner Privatwohnung. An diesem Schreibtisch erledigte er seine Korrespondenz, entwarf Predigten, diplomatische Noten und Enzykliken und sann über passende Bilder für die Glaubensunterweisung der nächsten Generalaudienz nach.

Anfangs verfasste Johannes Paul die meisten Texte persönlich. Seine langjährige Übersetzerin für Deutsch, die Kärntnerin Sigrid Spath, hat gelernt, einen „echten Johannes Paul" anhand weniger Zeilen zu erkennen. Die Dokumente des Papstes, sagt sie, sind „dichter" als die seiner kurialen Redenschreiber, manchmal auch blumiger im Stil.

Solange er konnte, schrieb Karol Wojtyła mit der Hand. Später ging er zum Diktieren über. Mit dem Computer freundete er sich erst spät an, obwohl er den Nutzen der elektronischen Datenverarbeitung bei manchem Anlass pries und ab und zu E-Mails verschickte.

Auf ein gediegenes Arbeitsumfeld hat der polnische Papst nie großen Wert gelegt. Ein einfacher Teppich ersetzt Marmor und Parkett, Schreibtisch und Stühle könnten einem Landpfarrer gehören, Lampe und Regal aus dem Baumarkt stammen. Eine Inneneinrichtung, die den Arbeitsstil und die Bescheidenheit ihres päpstlichen Benutzers widerspiegelt.

Von der Arbeitslosigkeit

In solchen Zeiten muss sich bewähren, was wir Christen vom Menschen und seiner Arbeit denken. Es darf nicht dazu kommen, dass derjenige, der seinen Arbeitsplatz verlieren sollte, auch seinen Standort in der Gesellschaft verliert, dass er isoliert und seines Selbstwertgefühles beraubt wird. Die Arbeit ist zwar für den Menschen von grundlegender Bedeutung. Und das Christentum selbst hat der Arbeit zu hohem Ansehen verholfen. Die christliche Botschaft zeigt aber auch, dass der Mensch nicht erst durch seine Arbeit zum Menschen wird. Der Mensch ist Abbild Gottes und nach seiner bleibenden Würde und nicht nach seiner Arbeit zu bewerten.

Von der Freizeit

Was die Zeit bedeutet, das hängt ab vom Gebrauch, den der Mensch von ihr macht. Für viele gewinnt die freie Zeit subjektiv größere Bedeutung als jene, die der Arbeit gewidmet ist. Man muss daher auf die Verwendung dieser Zeit achten. Sehr schnell können Tätigkeiten, die geradezu für notwendig gehalten werden, auch Anpassungswünsche und die Versuchung, „in Verblendung und Begierde“ (Eph 4,22) zu leben, neue Abhängigkeitsformen schaffen und die Entfaltung der Person behindern.
Erinnern wir uns an die Ruhe des Schöpfers am siebten Tag, nach Vollendung seines Werkes, das gut war. Es gilt im Lebensrhythmus die Bedeutung dieser Ruhe neu zu entdecken, das absichtslose Betrachten der Wunder der Schöpfung, das persönliche Verhältnis zum Schöpfer, der sich uns offenbart. Die freie Zeit ist zugleich eine Zeit des Heiles und eine zu wahrende Zeit, damit sie für die volle Entfaltung des persönlichen und des Familienlebens verfügbar wird, frei auch für den Dienst an der Gemeinschaft der Menschen. Sie kann eine Zeit froh machender Betrachtung des Werkes Gottes sein, eine Zeit des Dankens für die Früchte der Erde und für die Ergebnisse der Arbeit der Menschen, eine Zeit der Gemeinschaft und des Friedens unter Brüdern und Schwestern, die eins sind in ihrer gemeinsamen Berufung.

Von der Lehre der Natur

Ich wünsche euch, dass sich euer Wachsen „an Alter und Weisheit" im Kontakt mit der Natur vollzieht. Nehmt euch Zeit dafür! Spart nicht daran! Akzeptiert auch die Mühen und Anstrengungen, die dieser Kontakt manchmal mit sich bringt, vor allem wenn wir anspruchsvolle Ziele erreichen möchten.
Jeder von uns hat solche Mühen und Anstrengungen nötig, in denen nicht nur der Körper gestählt wird, sondern der ganze Mensch die Freude darüber erfährt, sich zu beherrschen und Hindernisse und Widerstände zu überwinden.

Vom Spiegel der Welt

Es ist gut für den Menschen, in diesem wunderbaren Buch zu lesen, welches das „Buch der Natur“ ist, das aufgeschlagen vor uns liegt. Was ein jugendlicher Geist und ein junges Herz darin lesen, scheint zutiefst mit jener Ermahnung zur Weisheit übereinzustimmen: „Erwirb dir Weisheit, erwirb dir Einsicht. Lass nicht von ihr, und sie wird dich behüten, liebe sie, und sie wird dich beschützen“ (Spr 4,5f).
Der heutige Mensch hat sich, besonders im Bereich der technischen und hoch entwickelten industriellen Zivilisation, in großem Ausmaß der Erforschung der Natur zugewandt, wobei er mit ihr jedoch oft auf eigennützige Weise umgeht, sehr viele ihrer Reichtümer und Schönheiten zerstört und die natürliche Umwelt seiner irdischen Existenz verschmutzt. Dagegen ist die Natur dem Menschen auch zur Bewunderung und Betrachtung als ein großer Spiegel der Welt gegeben. In ihr spiegelt sich der Bund des Schöpfers mit seinem Geschöpf, dessen Mittelpunkt von Anfang an der Mensch ist, der direkt als „Abbild“ seines Schöpfers geschaffen worden ist.

Vom Wallfahren

Jedes Jahr erleben wir, wie die Scharen von Menschen zunehmen, die einmal etwas anderes kennen lernen möchten, von dem sie Entspannung, Erneuerung und Bereicherung erwarten. Für die Christen gibt es eine besondere Form der Reise, nämlich den Entschluss, einmal Wallfahrtswegen zu folgen, Wegen also, auf denen man Gott entgegengehen möchte. Es ist gut, dass das christliche Volk irgendwie auch physisch erfahren kann, dass es auf dieser Erde keine feste Stätte hat, dass es aufbrechen und sich frei machen kann, um das, „was droben ist" (Kol 3,1), zu suchen.

Von den Dingen des täglichen Lebens

Wir dürfen nicht der Versuchung verfallen zu denken, der Wert unseres Lebens hänge von greifbaren Erfolgen ab. Kein einziges Menschenleben ist ohne Wert. Im Licht des Lebens Jesu gewinnen die einfachen Dinge des täglichen Lebens an Bedeutung: die Arbeit zusammen mit anderen, die Güte derer, die ihren Nächsten helfen, und die Dankbarkeit jener, die diese Güte erfahren. Das alles macht uns zu Zeugen der Frohbotschaft.

Das Überraschende an der verborgenen Kraft Gottes ist, dass sie uns dort wachsen und blühen lässt, wo er uns hingestellt hat. Er ermutigt uns, in den kleinen Dingen groß zu sein.

Es kommt darauf an, Gott dort zu suchen, wo wir stehen, das heißt: dem Leben, das uns der Herr geschenkt hat, Wert zu verleihen.

Von der Demut

Wir dürfen uns nicht als Maßstab allen Denkens, aller Moral und allen Rechtes betrachten. Wir erliegen nur allzu leicht dem Bewusstsein, dass alles machbar ist. Himmel und Erde, ja sogar der Mensch selbst, und zwar nach unserem eigenen Bild und Gleichnis. Was dem Menschen heutzutage jedoch fehlt, ist eine Haltung der Demut, denn zu keiner Zeit war der Mensch tiefer in die Untermenschlichkeit gesunken als heute. Wie kann er zum Beispiel das Leben gerade dann, wenn es seines Schutzes am meisten bedürfte, gering schätzen?
Menschsein muss zur Tragödie werden, wenn der Mensch immer wieder versucht, aus eigener Kraft sich über sich selbst in Gottes Höhe zu erheben. Dem folgt notwendigerweise der Sturz in die Tiefe. Christus allein kann den Höhenflug des Menschen tragen und erhöhen, weil er ihn in Gottes Höhe holt. Er allein kann die wahre Größe verleihen und er verleiht sie gern dem Niedrigen, der sich selbst verleugnet und ihm nachfolgt. Nicht gegen Gott, sondern in Gott hat des Menschen Größe Gültigkeit und Ewigkeit.

Vom Fasten

„Askese“: Dieses Wort erinnert bildlich an den Aufstieg zu hoch gesteckten Zielen. Das bringt notwendigerweise Opfer und Verzicht mit sich. Denn man muss die Ausrüstung auf das Wesentliche beschränken, um den Weg nicht zu erschweren; man muss bereit sein, jede Schwierigkeit in Angriff zu nehmen und alle Hindernisse zu überwinden, um das festgesetzte Ziel zu erreichen. Um echte Jünger Christi zu werden, ist es notwendig, sich selbst zu entsagen, das eigene Kreuz jeden Tag auf sich zu nehmen und Ihm zu folgen (vgl. Lk 9,23). Es ist der schwierige Weg der Heiligkeit, den jeder Getaufte zu gehen berufen ist.

Von der Tatkraft

Und ich bin wie ein hinuntergestoßener Engel,
ein Obelisk auf einem Felsen,
auf dem Marmor des Sockels.
Du aber hauchtest in den Obelisken
und in die aufstrebenden Schultern ein,
so dass er sich zur Tat aufreißt, dass er begehrt.
Aus diesen Engeln bin ich.

Und noch lobe ich dich,
weil in dir ist die Zuflucht,
die Belohnung für jedes Lied,
der Tag der heiligen Idee
und die singende Freude,
mit den Hymnen der Mutterschaft
und mit dem stillen Wort der Erfüllung,
der vollkommene Eli.

Sei gepriesen, Vater,
für die Traurigkeit des Engels,
für den Kampf der Lieder mit der Lüge,
des Kampfes der erleuchteten Seele.

Von den Gesunden und den Kranken

Der Mensch hat seinen Adel darin, dass Gott ihn ins Leben gerufen hat, dass er zu ihm Ja gesagt und ihn angenommen hat und dass er ihn bei sich vollenden wird. Ist demgegenüber nicht alles menschliche Leben im Grunde bruchstückhaft und unzulänglich, angewiesen auf Gottes vollendendes Wirken? Über Gesunden und Kranken, Frischen und Müden, Beweglichen und Behinderten, geistig Wachen und geistig Schlafenden steht Gottes väterliches Ja und macht jeden ihrer Tage zu einem Stück Weg in die Vollendung – und damit lebens-wert.
Liebe Österreicher, möge der Herr über euer Verhalten zu euren kranken und behinderten Mitmenschen, in denen letztlich er selbst euch begegnet, einmal sagen können: „Ich war eine Last, und ihr habt mich getragen; ich war unnütz, und ihr habt mich geschätzt; ich war entstellt, und ihr habt meine Würde erkannt; ich war vor der Geburt schon krank, und ihr habt zu mir Ja gesagt."

Von der Achtung allen Lebens

Das Niveau einer Gesellschaft wird letzten Endes an der Achtung gemessen, die sie gegenüber ihren schwächsten Gliedern bekundet. Eine technisch vollkommene Gesellschaft, in der nur die voll einsatz- und leistungsfähigen Glieder anerkannt und geduldet werden, müsste als ausgesprochen menschenunwürdig angesehen werden, entartet durch eine Diskriminierung, die nicht weniger verwerflich ist als die Rassendiskriminierung. Der behinderte Mensch ist einer von uns, er hat an unserer Menschlichkeit selbst teil. Seine Würde und seine Rechte anzuerkennen und zu fördern bedeutet, unsere eigene Würde und unsere Rechte anzuerkennen.

Von der Bekehrung

Der Heilsplan gilt für jeden. Keiner darf sich ausgeschlossen fühlen. Christus kennt das Innerste der Person, und er überwindet mit seiner Gerechtigkeit jede menschliche Ungerechtigkeit; mit seiner Barmherzigkeit besiegt er das Böse und die Sünde. Diese Gewissheit lässt im menschlichen Herzen die notwendige Kraft erstehen, um täglich den Weg der Bekehrung neu aufzunehmen, diesen Weg der ständigen Absage an das Böse und der aufrichtigen Suche des Guten. Dies ist der Weg, um die Freude des Geistes zu verkosten; der unerlässliche Pfad zum Wiederaufbau der eigenen Würde als Kinder Gottes.

Versunken im Brevier

Von klein auf hat Karol Wojtyła jeden Tag gebetet. Beigebracht hat es ihm sein frommer Vater im Elternhaus in Wadowice. Einmal rügte der Vater den Zehnjährigen dafür, dass er nicht „richtig“ zum Heiligen Geist bete. „Er brachte mir ein besonderes Gebet bei“, erinnerte sich der spätere Papst, „und das war für mich eine wichtige Lektion.“ Über ein halbes Jahrhundert später mündete dieses Gebet seines Vaters in eine Enzyklika über den Heiligen Geist, *Dominum et vivificantem* (1986).

Freie Minuten und die halbe Stunde nach dem Mittagessen verbrachte der Papst am liebsten im Gebet. Sein Brevier mit dem Zipp war auf Reisen immer dabei, so wie hier in Syrien im Jahr 2001. Johannes Paul verwendete Andachtsbilder als Lesezeichen. Dem Gebet widmete er seine ungeteilte Aufmerksamkeit. Der „Geist der Sammlung“, den er anderen immer wieder gewünscht hat, war ihm selbst gegeben.

Vom Zu-sich-Finden im Leiden

Im Leiden ist ein besonderer Ruf zur Tugend enthalten, die der Mensch von sich her üben soll. Es ist die Tugend der Ausdauer im Ertragen all dessen, was stört und weh tut. Wenn der Mensch so handelt, findet er zur Hoffnung, welche in ihm die Überzeugung aufrechterhält, dass das Leiden ihn nicht überwältigen, ihn nicht seiner Menschenwürde, verbunden mit dem Wissen um den Sinn des Lebens, berauben wird. Ebendieser Sinn offenbart sich ihm zusammen mit dem Wirken der Liebe Gottes, die das höchste Geschenk des Heiligen Geistes ist. Während er an dieser Liebe teilhat, findet sich der Mensch letztlich im Leiden selbst wieder: Er findet „das Leben“ wieder, von dem er glaubte, er habe es wegen des Leidens „verloren“.

Vom „Wozu" des Leidens

In den Augen der Welt ist Leiden, Kranksein, Sterben etwas Schreckliches, Unfruchtbares, Zerstörerisches. Besonders wenn Kinder leiden müssen, wenn Menschen, die ihre Krankheiten nicht verschuldet haben – und das sind wohl die meisten –, wenn Unschuldige von Unfall, Behinderung oder unheilbarem Leiden getroffen werden, stehen wir vor einem Rätsel, das sich ehrlicherweise rein menschlich nicht auflösen lässt. Es kann hart machen, es kann verbittern, sowohl die unmittelbar betroffenen als auch die machtlos dabeistehenden Menschen, die nicht helfen können und an ihrer Ohnmacht leiden.
Auch hier im Haus und in diesem Land wird es Menschen geben, die fragen: Warum? Warum ich? Warum gerade jetzt? Warum meine Frau, mein Vater, meine Schwester, mein Freund? – Diese Fragen sind nur allzu verständlich. Aber ich möchte euch heute darüber hinaus noch auf eine andere Frage hinweisen, die weiterzuführen vermag. Es ist eine Frage, die den tödlichen Stachel des sinnlos Zerstörerischen und Lebensfeindlichen, der im Leiden und Kranksein stecken kann, herauszieht. Es ist die Frage nicht nur nach dem „Warum", sondern nach dem „Wozu". Das „Warum" kann uns auf Erden letztlich niemand beantworten. Die

Frage hingegen, „wozu“ mir dieses Schwere auferlegt ist, kann uns neue Horizonte eröffnen. Als Jesus gefragt wurde, ob der Blindgeborene selbst oder ob seine Eltern gesündigt hätten, antwortete er überraschend: „Weder er noch seine Eltern …, sondern das Wirken Gottes soll an ihm offenbar werden.“ (Joh 9,3)
Fügt vor diesem Hintergrund der Frage „Wozu?“ noch ein weiteres wichtiges Wort hinzu, das ihr die entscheidende Richtung gibt: „Wozu, Herr?“ Dies ist nun kein Frage mehr, die ins Leere geht, sondern sie richtet sich an einen, der selbst gelitten und gekämpft hat bis aufs Blut, der „mit lautem Schreien und unter Tränen“, wie der Hebräerbrief sagt, „den Gehorsam gelernt hat“ (Hebr 5,7–8). Er versteht euch und weiß, wie euch zumute ist. Er selbst hat ja zunächst gebeten, dass der bittere Kelch an ihm vorübergehe. Aber er war so eins mit dem Willen des Vaters, dass er schließlich doch ein ganzes und freies Ja sagen konnte. Von ihm könnt ihr lernen, Leiden fruchtbar und sinnvoll zu machen für die Gesundung der Welt. Mit ihm kann euch euer Kranksein und Leiden menschlicher und sogar froher und freier machen.
Durch die gläubige Annahme kann jegliches menschliche Leid zur persönlichen Teilnahme am erlösenden Opfer- und Sühneleiden Christi werden. Christus selbst setzt dadurch im leidenden Menschen seine eigene Passion fort.

Von der Befreiung durch Christus

Es gibt keinen Menschen, der die Befreiung durch Christus nicht nötig hätte, weil es keinen Menschen gibt, der nicht in mehr oder weniger schwerer Weise ein Gefangener seiner selbst und seiner Leidenschaften ist.

Vom Gold im Schmelztiegel

Ich weiß, wie schwer es ist, über die Krankheit zu sprechen. Ihr fragt euch häufig, woher diese Art von Feind kommt, aber ihr könnt ihn nicht beschreiben oder ihm einen Namen geben. Das ist ein Aspekt des Geheimnisses des Bösen, das auf der gesamten Menschheit lastet und das jeden von uns auf irgendeine Weise anrührt. Von Gott geschaffen, um lebendig und gut zu sein, entdecken wir uns gebrechlich und als Sünder, aber wir haben niemanden zu richten. Denkt an Jesus Christus am Kreuz: Er bittet seinen Vater, denjenigen zu verzeihen, die ihn leiden machen. Die Krankheit ist eine „Prüfung", das heißt, es ist die schwierige Zeit, in der der Körper schwach ist und es Mühen bereitet, zu hoffen. Aber „Prüfung" bedeutet auch, dass in dieser Krise sich das wahre Sein offenbart wie Gold im Schmelztiegel und dass diese Periode, in der alles erschüttert scheint, ein Ende haben wird. Ich möchte euch im Namen des Glaubens sagen, dass ihr nicht allein seid in der Prüfung.

Von der Pflicht der Gesunden

Das Leiden ist immer eine Realität, eine Realität mit tausend Gesichtern. Ich denke an die Krankheiten, die durch ziemlich unvorhersehbare geologische Gegebenheiten verursacht werden, und an das moralische Elend, das sich in einer Gesellschaft, die glaubte, es besiegen zu können, so stark ausbreitet. Krankheiten, von denen die einen innerhalb eines bestimmten Zeitraumes geheilt werden können, die anderen leider noch immer unheilbar sind. Wenn auch das Leiden eine objektive Tatsache ist, so ist es doch noch mehr etwas Subjektives, Einmaliges, in dem Sinn nämlich, dass leidende oder kranke Menschen auf eine bestimmte Krankheit jeweils auf verschiedene, zuweilen sogar auf grundverschiedene Weise reagieren. Das ist das Geheimnis der nicht erfassbaren Sensibilität eines jeden. Das geht – im verborgenen Bereich des Gewissens – so weit, dass Menschen ohne wirklichen Grund unter Beunruhigung und Gewissensqualen leiden können.
Jedem Leiden gegenüber haben die Gesunden eine erste Pflicht: die Pflicht des Respekts, manchmal sogar des Schweigens. Man mag wollen oder nicht: Das Leiden bleibt trotz aller teil-

weisen Erklärungen schwer verstehbar und nicht annehmbar, selbst für einen glaubenden Menschen. Denn der Glaube nimmt nicht die Schmerzen weg. Aber er vereint sie in unsichtbarer Weise mit denen des Erlösers Christus, dem makellosen Opferlamm, der gleichsam hineingetaucht ist in die Sünde und das Elend der Welt, um vollkommen solidarisch damit zu sein, um ihm einen anderen Sinn zu geben, um schon im Voraus alle Prüfungen und selbst den Tod zu heiligen, die das Fleisch und das Herz seiner Menschenbrüder umschlingen.

Vom Geheimnis des Leidens

Der Mensch dürstet zwar nach Glück, er muss jedoch mit dem Geheimnis des Leidens rechnen, das ihm so zahlreiche Fragen stellt. Dennoch hört das Glück nicht auf, Bedürfnis eines jeden Menschenherzens zu sein; jeder Mensch verlangt nach ihm.
Gebt nie der Versuchung zu einer bloß pessimistischen Sicht der Wirklichkeit nach! Wir sind nicht zum Leiden verdammt; wir sind vielmehr aufgerufen, auch den Schmerz zu einem Mittel zu machen, um den Willen des Herrn besser zu erkennen, anzunehmen und zu lieben. Seid daher glücklich, doch sucht Freude dort, wo sie sich wirklich finden lässt.
Wahres Glück ist etwas, das man Tag für Tag in Freiheit und Liebe, in Wahrheit und Geduld aufbauen muss. Es wird erst in der Zukunft voll da sein, beginnt sich aber schon im Heute abzuzeichnen, wenn man in gelehrigem Vertrauen den Willen Gottes anzunehmen weiß. Der heilige Paulus schreibt nämlich: „Die kleine Last unserer gegenwärtigen Not schafft uns in maßlosem Übermaß ein ewiges Gesicht an Herrlichkeit" (2 Kor 4,17). Seid mutig und fürchtet die Prüfung nicht! Verwechselt nie das Glück mit

dem Vergnügen! Sucht die wahre Freude, und ihr werdet sie finden, wenn ihr in Christus bleibt.

Von der Rückkehr zu Gott

Es ist Zeit, zu Gott zurückzukehren! Ja, liebe Brüder und Schwestern, die Welt braucht Gott, an den man oft so wenig glaubt, der so wenig angebetet und geliebt wird und dem man so wenig gehorcht. Er ist nicht stumm, aber er verlangt das demütige, schweigende Hören. Seine grenzenlose Achtung vor unserer Freiheit ist keine Schwäche: Er behandelt uns wie Söhne und Töchter. Lassen wir unser Herz von seinem Wort berühren. Er ist die Hoffnung des Menschen und das Fundament seiner wahren Würde. Bei genauer Prüfung hat sich jede Ideologie als blind erwiesen, die den Menschen an die Stelle Gottes, das Geschöpf an die Stelle des Schöpfers setzen wollte. Es ist gewiss recht und geboten, die „Rechte des Menschen" geltend zu machen und zu verteidigen; aber noch zuvor gilt es, die „Rechte Gottes" anzuerkennen und zu achten. Wenn man diese vernachlässigt, läuft man zu allem Gefahr, auch jene zunichte zu machen: Wenn das göttliche Fundament und die Hoffnung auf das ewige Leben schwinden, wird die Würde des Menschen aufs Schwerste verletzt, betont das Konzil.

Lasst es mich hinausrufen: „Es ist Zeit, zu Gott zurückzukehren!“ Dem, der die Freude des Glaubens noch nicht besitzt, wird der Mut abverlangt, ihn zuversichtlich, beharrlich und bereitwillig zu suchen. Von dem, der schon die Gnade hat, den Glauben zu besitzen, wird verlangt, ihn als den kostbarsten Schatz seines Daseins zu hüten, indem er ihn bis zum Äußersten lebt und mit Eifer bezeugt. Nach Glauben, nach wahrem und tiefem Glauben, dürstet unsere Welt, denn nur Gott vermag die Sehnsucht des menschlichen Herzens gänzlich zu stillen.

Von der Sorge

Das Sich-nicht-Sorgen, das Jesus von seinen Jüngern verlangt, ist keineswegs blinder Fatalismus oder passives Erwarten dessen, was der Mensch zum Leben braucht; und auch nicht die Verweigerung des Einsatzes für den Aufbau einer gerechteren und brüderlicheren Welt, um alles dem Wirken Gottes zu überlassen. Ganz im Gegenteil!

Der Christ, der sich seiner Verantwortung bewusst ist, lebt, leidet und handelt, als ob alles von ihm abhinge; zugleich jedoch des vergewissernden Wortes seines Meisters eingedenk, bleibt er ruhig und zuversichtlich, als ob alles von Gott abhinge. Er ist daher bereit, alles dem Plan und Willen Gottes hintanzusetzen.

Die Jugendlichen

Johannes Paul hat die Gabe gehabt, seinem jeweiligen Gesprächspartner zu vermitteln, dass er sich mit ihm wohl fühle. Doch von Herzen glücklich war Karol Wojtyła im Kreis junger Menschen. „Ihr seid meine Hoffnung“, sagte er ihnen mehr als einmal. Bei jeder Reise, ob in Italien oder im Ausland, legte er Wert auf gesonderte Treffen mit Jugendlichen. Sein langjähriger Reisemarschall Pater Roberto Tucci wusste, dass er diese Begegnungen immer am Abend ansetzen sollte. Das gab Johannes Paul die Gelegenheit, noch ein paar Lieder, Tänze oder Gebete länger zu bleiben, ohne das Programm durcheinander zu bringen.

Am Ende dieser Treffen hat der Papst es jedes Mal verstanden, sich richtig zu verabschieden: Er schickte die aufgekratzten Jugendlichen nicht einfach mit einem freundlichen Gruß nach Hause, sondern ließ ihre Begeisterung langsam abklingen. Ähnlich wie gute Eltern am Abend ihre tobenden Kinder nicht einfach ins Bett stecken, sondern ihre Lebenslust allmählich in die Müdigkeit des Schlafes überführen.

Die Begeisterungsfähigkeit, das schöpferische Talent und wohl auch die Formbarkeit der Jugendlichen haben Karol Wojtyła schon als Studentenseelsorger beeindruckt. Und die Faszination war gegenseitig. Immer größer wurde die Menge der Burschen und Mädchen, die seine Antworten auf ihre Fragen hören, mit ihm beten, mit ihm feiern wollten; so entstand 1984 die Idee der Weltjugendtage. 1995 strömten zur Hauptmesse in Manila auf den Philippinen vier Millionen junge Leute: vermutlich die größte Menschenansammlung aller Zeiten.

Von den Wurzeln

Gott kennt uns. Er kennt uns besser, als wir uns selbst kennen. Er liebt uns, auch wenn diese Liebe oft verborgen ist. Er ist ein Gott, der uns Zukunft gibt. Er ist nicht ein Gott der Toten, sondern der lebendige und Leben spendende Gott. Ihm können wir uns anvertrauen, in ihm Wurzeln schlagen. Wenn wir fallen, dann fallen wir nicht tiefer als in Gottes Hand.

VI.
Von den Lebens-altern des Menschen

Vom Geschenk der Elternschaft

In der Liebe, die schon an und für sich Geschenk ist, ein nicht in Worte zu fassendes, ungeschaffenes Geschenk, die sich den Menschen als Gnade mitteilt, kann man die Welt, aber noch mehr das eigene Menschsein, er als Mannsein und sie als Frausein, die Zeugungskraft als Geschenk erleben. Ist dies nicht auch heute noch das eigentliche Wesen der Liebe, das die Partner zutiefst bejahen?

Vom Vertrauen in die Größe menschlicher Berufung

Dies ist der erste Appell, den ich an euch, junge Männer und Frauen von heute, richten möchte: Habt keine Angst! Habt keine Angst vor eurer eigenen Jugend und vor jener tiefen Sehnsucht nach Glück und Wahrheit, nach Schönheit und bleibender Liebe! Manchmal wird gesagt, die Gesellschaft habe Angst vor dieser mächtigen Sehnsucht junger Menschen, ja ihr selbst hättet Angst davor. Habt aber keine Angst! Wenn ich auf euch Jugendliche schaue, empfinde ich große Dankbarkeit und Hoffnung. Die Zukunft liegt in euren Händen. Die Zukunft des Friedens liegt in euren Herzen. Um die Geschichte so, wie ihr es könnt und müsst, zu gestalten, müsst ihr sie von den falschen Wegen befreien, denen sie folgt. Um dies zu tun, müsst ihr Menschen sein mit einem tiefen Vertrauen in den Menschen und einem tiefen Vertrauen in die Größe menschlicher Berufung.

Vom Wachsen im Zweifel

Der Mensch beginnt sein Leben als Empfangender. Mit der Geburt findet er sich in einer von anderen, vor allem von den Nächststehenden, bereiteten Welt: Eltern, Brüder und Schwestern. Dort empfängt das Kind alles, von der Nahrung bis zur Bildung. Es lernt dort sprechen, gehen und zusammenleben. Wenn der junge Mensch sich seines Reichtums und seiner Fähigkeiten bewusst wird, dann versucht er, von der kindlichen Phase des Nehmens in die Phase des Gebens hinüberzuwechseln. Die vorgefundene Welt befriedigt ihn nicht, er will „seine Welt" schaffen. Es ist der Zeitpunkt der großen Entscheidungen im Leben. Es ist der Augenblick, in dem sich die grundlegende Orientierung abzeichnet und vorbereitet, die den Rest des Lebens kennzeichnen wird.
Dieser Übergang vom Nehmen zum Geben, von der Abhängigkeit zur Eigenverantwortlichkeit geschieht nicht ohne Krise. Es ist vorwiegend eine Krise des Wachstums und der Reife. Oft wird der Jugendliche nicht verstanden und versteht sich selbst nicht. Er will nicht mehr als Kind behandelt werden, fühlt sich aber noch nicht als Erwachsener. Oft schwankt er in seinem Inneren.

Andererseits scheint alles in ihm in Gärung zu sein; er entdeckt Werte, die Geschlechtlichkeit, die Liebe und Ideale; und er entdeckt auch die wahre Dimension des Glaubens.
Die Welt erscheint nun nicht mehr als ein Mythos, sondern als eine große Aufgabe, die sich stellt; euer Leben ist nun nicht mehr ein Geschenk. Es wird eine Verpflichtung. Die eigene Einstellung ist nicht eingeschränkt durch die Erwartung, alles vorbereitet zu finden. Zwei große Sorgen rücken mit der Aussicht auf die Zukunft auf euch zu: die Vorbereitung auf den Beruf und die Vorbereitung auf den Lebensstand. Diese beiden Sorgen beschäftigen bisweilen so sehr, dass man ungeduldig wird. Diese jugendliche Spannung kann man zusammenfassend definieren als eine Spannung zwischen dem „Schon“ und dem „Noch nicht“.

Von der Pflicht der Eltern

Meinen Eltern nicht mitunter, ihre Verpflichtung gegenüber ihren Kindern erfüllt zu haben, wenn sie ihnen über Grundbedürfnisse hinaus noch mehr materielle Güter als Antwort auf ihre Lebenswünsche geboten haben? Geben sie dadurch nicht an die jungen Generationen eine Welt weiter, die arm sein wird an wesentlichen geistigen Werten, arm an Frieden und Gerechtigkeit? Hat nicht ebenso in anderen Nationen die Faszination gewisser Ideologien den jungen Generationen ein Erbe an neuen Formen von Versklavung hinterlassen? Fragt euch, was für eine Art von Menschen ihr selbst und eure Mitmenschen sein wollt!

An die Mutter

Siehst du, Mutter, man muss irgendwo
die großen Türrahmen herausbrechen,
und die beschlagene, feste Tür
muss man zersprengen – zur Helligkeit.
Man muss es in den Eichentempeln
täglich ersehnen und fühlen,
wie sich uns das Lied auf die Saiten legt.
Und die Tempel muss man selbst bauen.
Im Jugendalter, mit der Seele,
weißt du, Mutter.
Mit der heiligen und engelhaften Seele.
Aus ihr baut man diese sehnsüchtige Kirche,
aus ihr, die rein und unschuldig ist wie ein Kind.
Meine Mutter, hier bekenne ich dir meinen Bau,
und ich öffne das Gefäß meiner Sehnsüchte,
die auf mich einstürzen,
dieser slawische Drang und Schmerz.
Ich weiß schon, Mutter,
ich weiß, du sagst: Höre nicht auf.
Ich höre nicht auf, meine Mutter.
Ich schmiege mich nur ein bisschen an,
an die Frühlingstage, an die Erinnerungen,
an deine mütterlichen Brüste, zärtlich und weich,
und dass ihr alle wieder näher gekommen seid,
ganz nahe bei mir.

Von Müttern und Zwölfjährigen

Heranwachsende haben manchmal Geheimnisse, die sie eifersüchtig hüten, selbst vor ihren Eltern. Auch der zwölfjährige Jesus verbarg in sich ein großes Geheimnis, mit dem er schon auf die Welt gekommen war. Maria stand von Anfang an vor diesem Geheimnis, vor dem Geheimnis der Sendung ihres Sohnes. Und „sie bewahrte all dies in ihrem Gedächtnis“. Sie musste es bewahren … jede Mutter bewahrt … Vor allem musste sie an die Verkündigung und Empfängnis Jesu zurückdenken und immer tiefer daraus leben. Wenn das Evangelium, nachdem es die Worte des zwölfjährigen Jesus wiedergegeben hat, hinzufügt: „Doch sie verstanden nicht …“ (Lk 2,50), so besagt dies, dass selbst die Mutter nicht verstand. Doch eines ist sicher: Sie war stets bereit, alles bis auf den Grund zu verstehen und zu akzeptieren. „Siehe, ich bin die Magd des Herrn …“ (Lk 1,38) Mit diesen Worten hatte sie ihn ja in ihren Schoß aufgenommen.

Von Müttern, die loslassen können

Es ist etwas ganz Normales, dass die Kinder – als Jugendliche und als Erwachsene – das Elternhaus verlassen und in der von ihnen gewählten Richtung ins Leben eintreten. So geht auch der dreißigjährige Sohn Marias fort – in die einzige Richtung, auf die hin er in die Welt gekommen ist. Es ist ebenfalls etwas Normales und ganz in Ordnung, dass die Kinder, auch wenn sie fortziehen, in ihrem Herzen stets eine große Liebe zur Mutter bewahren. Durch den Wachstumsprozess der Persönlichkeit wird diese Liebe reifer und tiefer. Grundbedingung dafür, dass diese Liebe im Kind heranreift, ist, dass die Mutter ihm im Geist folgt und es nicht bei sich zu behalten sucht. Solche Mütter respektieren das innere Geheimnis ihrer Kinder, die sich sozusagen unter ihren behütenden Flügeln entwickelt haben und die in einem bestimmten Moment mit der Kraft ihrer eigenen Flügel davonfliegen wollen.

Von der Ernte des Lebens

Der Papst verneigt sich in Ehrfurcht vor dem Alter, und er lädt alle ein, es mit ihm zu tun. Das Alter ist die Krone der Stufen des Lebens. Es bringt die Ernte ein, die Ernte aus dem Gelernten und Erlebten, die Ernte aus dem Geleisteten und dem Erreichten, die Ernte auch aus dem Erlittenen und Bestandenen. Wie im Schlusssatz einer großen Symphonie kommen die großen Themen des Lebens zum machtvollen Zusammenklang. Und dieses Zusammenklingen verleiht Weisheit, die Weisheit, um die der junge König Salomon betet, die ihm entscheidender ist als Macht und Reichtum, wichtiger als Schönheit und Gesundheit; die Weisheit, von der wir in den Lebensregeln des Alten Bundes lesen: „Wie gut steht Hochbetagten Weisheit an, würdigen Männern Überlegung und Rat. Ein Ehrenkranz der Alten ist reiche Erfahrung, ihr Ruhm ist die Gottesfurcht." Die Weisheit verleiht Abstand, aber nicht einen Abstand der Weltferne; sie lässt den Menschen über den Dingen stehen, ohne sie zu verachten; sie lässt uns die Welt mit den Augen – und mit dem Herzen! – Gottes sehen. Sie lässt uns mit Gott Ja sagen, auch zu unseren Grenzen, auch zu unserer Vergangenheit mit ihren Enttäuschungen, Versäumnissen und Sünden. Denn „wir wissen, dass Gott bei denen, die ihn lieben, alles zum Guten führt". Aus der versöhnenden Kraft dieser Weisheit erblühen dann Güte, Geduld, Verstehen und jene köstliche Zierde des Alters: der Humor.

Vom Jungbleiben

Ich meine wirklich, um nicht alt zu werden, müssen wir uns an Jesus und seine Botschaft halten. Denn nur die Liebe, die die Seele des Evangeliums ist, gewährt es uns, immer jung zu bleiben.
Ihr wisst von den Gewalttaten, die in unseren Tagen geschehen: Wie viele Tote, wie viele Tränen verursachen sie! Wer den Tod bringt, ist nicht nur alt, er ist innerlich schon tot. Das Leben wächst nur aus der Liebe, aus einem von Liebe geprägten Leben oder auch aus einem in Liebe angenommenen Tod, wie es bei Jesus war. Deshalb hegt die Liebe, eine durch und durch echte Liebe zu allem! Seid immer bereit, jemandem zu helfen, der in Not ist, dem zu vergeben, der euch gekränkt hat, und einem, der Schlimmes getan hat, auf den rechten Weg zu helfen oder wenigstens Mitleid mit ihm zu haben.

Der Sport

Karol Wojtyła galt als Athlet unter den Kardinälen, als diese ihn im Konklave im Oktober 1978 zum Papst wählten. Das war ein Gütesiegel nach dem nur 33-tägigen Pontifikat Johannes Pauls I., der wahrscheinlich an einem Herzleiden gestorben war. Von Jugend auf geübt im Kanufahren, Schwimmen, Wandern und Schifahren, trat Johannes Paul II. den Petrusdienst an. Und er blieb weiter sportlich, auch weil er wusste, dass er den Strapazen des Amtes ohne körperliche Betätigung nicht lange gewachsen sein würde.

Im Garten seiner Sommerresidenz Castel Gandolfo ließ er einen Swimmingpool einbauen; auf die Frage, ob das nicht zu teuer sei, sagte er lächelnd: „Bestimmt billiger als ein neues Konklave.“ Mindestens viermal während seines Pontifikates bat er seine Sekretäre, ihm einen bestimmten Tag freizuhalten, und fuhr inkognito zum Schifahren in die verschneiten Berge der Abbruzzen. Schwimmen und Wandern waren die Aktivitäten, die der gebrechlicher werdende Papst am längsten ausüben konnte. Das Bild zeigt Johannes Paul beim Sommerurlaub 1998 in den Südtiroler Dolomiten.

Vom Geschenk des Alters

Die Jahre verfliegen; obwohl das Leben von Mühsal und Beschwerden gezeichnet ist, ist es als Geschenk zu schön und zu wertvoll, als dass wir dessen müde sein könnten.

Von der Unersetzlichkeit der Alten

Das zunehmende Alter bringt Gebrechlichkeiten mit sich. Ihr seid vielleicht gezwungen, Tätigkeiten aufzugeben, die euch früher Freude bereiteten. Eure Glieder scheinen nicht mehr so elastisch wie früher. Euer Gedächtnis und eure Sehkraft verweigern vielleicht den Dienst. Und deshalb ist die Welt vielleicht nicht mehr so vertraut – die Welt eurer Familie, eurer Umgebung, die Welt, die ihr einst gekannt habt. Sogar die Kirche, die ihr so lange geliebt habt, wird vielleicht vielen von euch fremd scheinen, weil sie in dieser Zeit der Erneuerung fortschreitet.

Und doch, trotz allen Wandels und aller Schwäche fühlt ihr, dass ihr für alle von großem Wert seid. Die Gesellschaft braucht euch, ebenso die Kirche. Ihr werdet nicht mehr so viel tun können wie früher. Aber, was vor allem zählt, ist, dass ihr da seid. Das Alter ist die Zeit, in der ihr euch selbst mehr als je zuvor den anderen schenken sollt.

Ja, ihr seid notwendig, und lasst euch nie und von niemandem sagen, dass ihr es nicht seid. Wir brauchen eure Erfahrung und eure Einsichten. Wir brauchen den Glauben, der euch im Leben gestützt hat und der euch weiter euer

Licht ist. Wir brauchen euer Beispiel des geduldigen Wartens und Vertrauens. Wir brauchen eure reife Liebe, die wir in euch sehen, jene Liebe, die die Frucht eures Lebens ist, das ihr in Freud und Leid gelebt habt. Ja, und wir brauchen eure Weisheit, denn ihr könnt uns Sicherheit geben in Zeiten der Ungewissheit. Ihr könnt ein Ansporn sein, nach den höheren Werten des Geistes zu leben. Diese Werte verbinden uns mit Menschen aller Zeiten, und sie werden niemals alt.

Sterben lernen für das Leben

Ein Leben ohne Gott und folglich ohne Bezug zur Ewigkeit muss im Angesicht des Todes kapitulieren. Als Christen hingegen wissen wir, dass der Tod einen Sinn hat und eben nicht das Ende ist, da „wir eine Wohnung von Gott, ein nicht von Menschenhand errichtetes ewiges Haus im Himmel“ haben (2 Kor 5,1; vgl. 1 Kor 15,21; Phil 1,20). Hier sind die Christen als Hoffnungsträger gefragt. Mehr als in manchem anderen Bereich können wir hier zeigen, worauf es letztlich ankommt: leben lernen für den Tod und sterben lernen für das Leben. Der sterbende Mensch will keine Tablette, um dann allein gelassen zu werden, sondern echte Hoffnung, menschliche Nähe und eine haltende Hand.

Vom Tod

„Herr, wärst du hier gewesen, dann wäre mein Bruder nicht gestorben."
In diesen Worten erklingt eine Stimme des menschlichen Herzens, die Stimme eines liebenden Herzens, das von dem Zeugnis gibt, was der Tod ist. Wir hören fortwährend vom Tod, reden und lesen Meldungen über den Tod verschiedener Personen. Es gibt eine systematische Information zu diesem Thema. Es gibt auch die Todesstatistik. Wenn täglich auf der Erde ungefähr 145.000 Menschen sterben, kann man sagen, dass in jedem Augenblick Menschen sterben. Der Tod ist ein universales Phänomen und ein gewöhnliches Ereignis. Die Universalität und Normalität des Faktums bestätigen die Unvermeidlichkeit des Todes, aber zugleich verwischen sie gewissermaßen die Wahrheit über den Tod, seine undurchdringliche Botschaft.
Hier reicht die Sprache der Statistiken nicht aus. Es braucht die Stimme des menschlichen Herzens: die Stimme einer Schwester wie im heutigen Evangelium, die Stimme einer Person, die liebt.
Keine der beiden Schwestern des Lazarus sagt: „Mein Bruder ist gestorben", sondern jede sagt: „Herr, wärst du hier gewesen, dann wäre mein Bruder nicht gestorben."
Die Wirklichkeit des Todes in ihrer ganzen Wahrheit kann nur in der Sprache der Liebe ausgedrückt werden.

VII. Vom Handeln des Christen

Von einem anspruchsvollen Freund

Gott ist ein überaus liebenswürdiger, aber auch sehr anspruchsvoller Freund. Wenn man ihm begegnet, darf man nicht mehr so weiterleben, als wäre man ihm nicht begegnet. Er verlangt, dass wir ihm folgen, und zwar nicht auf den Wegen, die zu gehen wir festgelegt haben, sondern auf jenen, die er für uns bestimmt hat.
Eine Religion, die nur Trost spendet, ist ein Märchen, das nur jene glauben, die die Gemeinschaft mit Gott noch nicht erfahren haben.
Diese Gemeinschaft bietet tiefste Genugtuung, doch nur innerhalb eines unaufhörlichen Bemühens um Umkehr.
Insbesondere fordert uns Jesus auf, unsererseits bereitwillig den Mitmenschen zu verzeihen, wenn wir seine Verzeihung erhalten wollen.

Von der fröhlichen Energie des Anfangs

Beginnt damit, etwas Konkretes in eurer Situation zu tun. Schaut nicht zu weit in die Ferne. Fangt jetzt an, an eurem Arbeits- und Studienplatz, im Kreis der Familie, in eurer Gemeinde. Lasst nicht zu, dass jemand unter euren Bekannten seiner Rechte beraubt wird oder von anderen unterdrückt wird, weil er oder sie nicht aus eurem sozialen Milieu stammt, nicht eure Hautfarbe hat, nicht eure Sprache spricht oder nicht euren Glauben teilt. Errichtet keine Schranken zwischen euch und älteren Menschen. Seid gegenwärtig auch in ihren Situationen, denn sie haben eure Stimme nötig, und ihr werdet helfen und lernen. Widmet euch mit Begeisterung jenen örtlichen Gruppen, die versuchen, eine menschlichere Welt zu bauen, und erweitert euren Horizont.
Arbeitet überall mit der fröhlichen Energie der Jugend für die gerechte Sache. Lernt euch selbst einzuschränken, damit ihr teilen könnt mit den hungrigen und jungen Menschen, die weniger haben als ihr. In Solidarität mit euren Brüdern und Schwestern anderer Nationen, Rassen und Kulturen ist es auch möglich, die Welt zu verändern und eine bessere Zukunft für alle zu bauen – eine Zukunft, in der Menschen wichtiger sind als ihr Nutzen.

Vom Besitz

Tatsächlich erkennt man heute besser, dass die reine Anhäufung von Gütern und Dienstleistungen, auch wenn sie zum Nutzen der Menschheit erfolgt, nicht genügt, um das menschliche Glück zu verwirklichen. Folglich bringen auch nicht die zur Verfügung stehenden vielfältigen echten Errungenschaften, die in jüngster Zeit durch Wissenschaft und Technik hervorgebracht worden sind, einschließlich der Informatik, die Befreiung von jeglicher Form der Knechtschaft. Im Gegenteil, die Erfahrung der letzten Jahre zeigt, dass die gesamte Menge der Hilfsquellen und Möglichkeiten, die dem Menschen zur Verfügung gestellt worden ist, wenn sie nicht von einer sittlichen Grundeinstellung gelenkt und auf das wahre Wohl des Menschengeschlechtes hingeordnet wird, sich leicht gegen den Menschen richtet, um ihn zu unterdrücken.
Eine betrübliche Feststellung aus der jüngsten Zeit sollte höchst lehrreich sein: Neben dem Elend der Unterentwicklung, das nicht geduldet werden kann, finden wir eine Art von Überentwicklung, die gleichermaßen unannehmbar ist, weil sie, wie Erstere, im Gegensatz zum wahren Wohl und Glück steht. Denn diese Überentwicklung, die in einer übertriebenen Verfügbar-

keit von jeder Art materieller Güter zugunsten einiger sozialer Schichten besteht, macht die Menschen leicht zu Sklaven des „Besitzens“ und des unmittelbaren Genießens, ohne eine andere Perspektive als die Vermehrung oder den ständigen Austausch der Dinge, die man schon besitzt, gegen andere, immer perfektere. Das ist die so genannte Konsumgesellschaft oder der Konsumismus, der so viel „Verschwendung“ und „Abfall“ mit sich bringt. Ein Gegenstand, den man besitzt und der von einem anderen, noch perfekteren, übertroffen wird, wird beiseite geschoben, ohne seinen möglichen bleibenden Wert in sich selbst oder zugunsten eines anderen, ärmeren Menschen zu berücksichtigen.
Wir alle greifen mit den Händen die traurigen Auswirkungen dieser blinden Unterwerfung unter den reinen Konsum: vor allem eine Form von krassem Materialismus und zugleich eine tief gehende Unzufriedenheit, weil man sofort erkennt, dass man – wenn man nicht gegen die Flut der Reklame und das ständige verlockende Angebot von Produkten gefeit ist – umso mehr haben möchte, je mehr man besitzt, während die tieferen Wünsche unerfüllt bleiben oder vielleicht schon erstickt sind.

Von Modetrends und Meinungsmachern

Jeder Einzelne begegnet Christus und seiner befreienden Botschaft auf ganz persönliche Weise. Ich ermutige euch: Tretet vor ihn! Lasst euch ansprechen von ihm! Setzt euch auseinander mit ihm! Er lehrt euch Grundhaltungen, mit denen das Leben menschenwürdig zu meistern ist. Er befreit euch von Manipulationen und Vereinnahmungen durch Modetrends und Meinungsmacher. Er führt euch auf einen Weg, auf dem ihr euch selbst erkennen und zu euch finden könnt, wer ihr seid, wofür ihr lebt und was das Ziel eures Lebens ist. Er führt euch zu eurer ewigen Bestimmung in Gott.

Vom Verzicht auf eigene Rechte

Heute sind dem Einanderannehmen neue Aufgaben gestellt. Die Kluft zwischen den Generationen ist größer geworden. Die Jugendlichen müssen die Erwachsenen, die Erwachsenen die Jugendlichen, und beide zusammen müssen die ältere Generation annehmen. Gerade da braucht es heute viel „Güte und Freundlichkeit“: in Freundschaft die Probleme der anderen Generation verstehen, ihre berechtigten Anliegen anerkennen, in gemeinsamem Bemühen nach neuen Lösungen suchen. Lasst euch in euren Bemühungen um gegenseitiges Verstehen nicht entmutigen!

Jedes Einanderannehmen, geschehe es nun in Freundschaft oder in weiser Gerechtigkeit, setzt die Bereitschaft zum Verzicht auf Eigenes voraus: Verzicht auf eigene Rechte, Verzicht auf Besserwissen, Verzicht auf ein kämpferisches Durchsetzen des eigenen Standpunktes. Der Friede ist ein so hohes Gut, dass er immer nur um den Preis persönlicher oder gemeinschaftlicher Opfer erkauft werden kann.

Von der Großbaustelle der Herzen

Lasst euch nicht von Schwarzseherei und Entmutigung unterkriegen! Ihr seid die Welt von morgen. Von uns Älteren empfangt ihr eine Welt, die euch enttäuschen mag, aber sie hat gleichzeitig ihre Reichtümer und Schwächen, ihre Werte und Gegenwerte. Die außerordentlichen Fortschritte der Wissenschaft und Technik sind zwiespältig. Sie können dem Besten und dem Schlimmsten dienen. Sie können Menschenleben retten oder vernichten.
Alles hängt davon ab, welcher Gebrauch vom Fortschritt der Wissenschaft und Technik gemacht wird. Alles hängt letzten Endes vom Herzen der Menschen ab. Das Herz des Menschen ist es, das man ändern muss.
Hier, liebe junge Leute, ist die Großbaustelle der Welt, auf der ihr euch einsetzen müsst.

Das Fenster zum „Angelus“

Es soll das berühmteste Fenster der Welt sein – das zweite von rechts in der dritten Etage des Apostolischen Palastes. Meist bis halb zwölf Uhr abends brannte Licht in diesem Arbeitszimmer des Papstes. An Sonntagen aber erfüllte dieser nüchterne Raum hauptsächlich den Zweck, durchquert zu werden. Sonntagmittag nämlich betete Johannes Paul von diesem Fenster aus mit den Gläubigen auf dem Petersplatz den *Engel des Herrn* und erteilte seinen apostolischen Segen. In seinen Ansprachen nach dem Gebet ging der Papst oft auf aktuelle Krisen in der Weltpolitik ein und rief zum Frieden auf. „Niemals kann die Zukunft der Menschheit durch Terrorismus und durch die Logik des Krieges gesichert werden“, mahnte Johannes Paul beim Angelus vier Wochen vor Beginn des Irak-Krieges 2003.

Die Tradition des öffentlichen Angelusgebetes hatte Johannes XXIII. eingeführt. Johannes Paul II. führte sie bereitwillig fort, weil er darin eine Gelegenheit zum zwanglosen Treffen mit Pilgern und Besuchern sah: Für den *Engel des Herrn* am Sonntag sind bis heute keine (kostenlosen) Eintrittskarten wie für die Generalaudienz nötig; es genügt, pünktlich um zwölf Uhr auf dem Petersplatz zu sein.

Drei Tage vor seinem Tod hat Johannes Paul vom Fenster seines Arbeitszimmers aus zum letzten Mal die Pilger gesegnet. Es war ein stummer Segen; ein Drittes und irgendwie Abschließendes nach der persönlichen Verkündigung und den tausenden Texten, die in diesem Raum entstanden sind.

Vom Lohn des Glaubens

Der Weg des Einsatzes für den Menschen ist nicht einfach. Um bei ihm auszuharren, bedarf es einer tiefen Motivierung, die die Trägheit und den Skeptizismus, den Zweifel und das herablassende Lächeln dessen zu überwinden vermag, der sich in seine Bequemlichkeit zurückzieht oder denjenigen, der zur Nächstenliebe fähig ist, für naiv hält. Für euch Christen ist die Grundmotivierung, die eure Handlungen verändern kann, euer Glaube an Christus. Er lehrt euch, dass es sich lohnt, sich darum zu bemühen, besser zu sein; dass es sich lohnt, für eine gerechtere Gesellschaft zu arbeiten; dass es sich lohnt, den Unschuldigen, den Unterdrückten, den Armen zu verteidigen; dass es sich lohnt zu leiden, um das Leid der anderen zu lindern; dass es sich lohnt, den Menschenbruder immer mehr zu schätzen.
Es lohnt sich, weil der Mensch nicht das armselige Geschöpf ist, das lebt, leidet, sich freut, ausgebeutet wird und sein Leben mit dem Tod beendet, sondern ein Bild Gottes, berufen zur ewigen Freundschaft mit ihm: ein Geschöpf, das Gott liebt und von dem er geliebt werden will.

Von der Entschlossenheit

Manchmal, wenn wir auf Gottes Ruf antworten, empfinden wir Furcht; wir zögern, weil wir spüren, dass dieser Gehorsam Gott gegenüber von uns große Opfer verlangt. Es widerstrebt unserer stolzen Natur, für unser Leben und unsere Taten Rechenschaft ablegen zu müssen.
Dennoch ist der Gedanke, für etwas geradestehen zu müssen, persönlich verantwortlich zu sein für die Nutzung aller Gaben, die Gott jedem von uns geschenkt hat, Mittelpunkt des Evangeliums. Wenn im Leben keine tiefe Bindung an das Wahre und Gute vorhanden ist, keine Bereitschaft, für den Sieg einen Preis zu zahlen, keine Entschlossenheit, seine Selbstsucht zu bezwingen und anderen wirklich eine Hilfe zu sein, dann wird auch das Leben selbst entgleiten, weil es ohne Richtschnur und ohne Sinn ist.
Seid ihr stark genug, die falschen Propheten und die Unterhändler des Todes zurückzuweisen, die schon so vielen Menschen auf der Welt eingeredet haben, es gäbe keine Hoffnung mehr, es gäbe nichts, für das es sich noch lohnen würde zu leben, es gäbe keine bessere Welt, auf die man, wenn auch mit großem persönlichem Einsatz, hinarbeiten könnte?

Unsere Antwort auf den Ruf Jesu, ihm nachzufolgen, schließt einen lebenslangen Wandlungsprozess ein. Für die meisten von euch ist die Bekehrung des Geistes und des Herzens zu Christus mehr eine Sache von alltäglichen Entscheidungen als das Ergebnis eines plötzlichen, leidenschaftlichen Augenblicks. Gleichzeitig sind gewisse Entscheidungen sehr wichtig; wie zum Beispiel wenn ihr den Entschluss fasst, euch von einer Verhaltensweise loszusagen, die ihr als sündhaft und zerstörend erkannt habt. Jede eurer Entscheidungen, ob sie größer oder kleiner ist, bleibt eine Gelegenheit, entweder Gott näher zu kommen oder euch von ihm und von der Wahrheit, die allein befreien kann, zu entfernen.

Von der Hoffnung

Überall auf der Welt haben Menschen begonnen, sich und andere zu fragen: Was kann ich tun? Was können wir tun? Wohin führt unser Weg? Es sind vor allem junge Menschen, die so fragen. Sie möchten ihren Beitrag leisten, um eine weithin müde und kranke Gesellschaft zu heilen. So geben sie ihrem Leben und dem Leben ihrer Freunde einen neuen Sinn. Dieser Sinn hat für viele von ihnen schon einen Namen: den Namen „Jesus Christus". Sie haben Jesus gefunden. Er ist ihre neue Hoffnung geworden.

Vom Geschenk der Freiheit

Von seinem Schöpfer hat der Mensch die Gabe der Freiheit erhalten. In seiner Freiheit kann er diese Erde ordnen und gestalten, kann er die wunderbaren Werke menschlichen Geistes schaffen, von denen die Welt voll ist: Wissenschaft und Kunst, Technik und Kultur.
Die Freiheit befähigt den Menschen zu jener einmaligen Gestalt der menschlichen Liebe, die nicht bloß Folge natürlicher Anziehung ist, sondern eine freie Tat des Herzens. Die Freiheit befähigt ihn – als höchste Tat menschlicher Würde –, Gott zu lieben und anzubeten.

Von der Stille

Wenn ihr es versteht, euch vom Lärm zu lösen und still zu werden, um zu euch selbst und zu Gott in euch zu finden, dann werdet ihr den zersetzenden Einflüssen der äußeren Welt und dem Egoismus, der sich immer wieder im eigenen Inneren erhebt, Widerstand leisten können. Ihr werdet Gottes Plan für jeden von euch, der in eure Fähigkeiten und eure Grenzen eingetragen ist, nur entdecken um den Preis eines tiefen Nachdenkens und des Stillwerdens.

Vom Sich-selbst-Ändern

Um im Leben glücklich zu sein, hat man den Hang zu glauben, dass sich zunächst die Umwelt ändern müsse. Nach und nach erkennt man, dass es gut ist, bei sich anzufangen, indem man sich selbst ändert, um die Welt zu ändern. Dann ist man bewusst darauf eingestellt, die Botschaft von jemandem aufzunehmen, der die Welt ändern will, indem er den Menschen von innen her verändert: Christus.

Vom Aufbruch

Was bedeutet „sich aufmachen"? Es bedeutet vor allem, sich aus einer Situation zu befreien, die uns gefangen hält, und nach Gottes Plan vollwertige Männer und Frauen zu werden. Es bedeutet, gegen die Versuchung anzugehen, sich in der Logik des persönlichen Nutzens abzukapseln, die die Person immer mehr von ihrer wahren Identität entfernt, bis sie unerkennbar ist und den Namen vollkommen vergessen hat. Welchen Namen? Den Namen, den wir alle tragen, den jeder Einzelne von uns trägt: Sohn Gottes; Tochter Gottes. Dieser Name ist tief in unsere Herzen eingeprägt; Jesus prägt ihn bei uns ein, durch sein gesamtes Evangelium, durch sein Bei-uns-Sein, seine Taten, seine Worte und vor allem durch seinen Kreuzestod und seine Auferstehung. Diesen Namen: Sohn Gottes, Söhne und Töchter Gottes.

Aufbrechen bedeutet, sich auf den Weg machen, auf den Weg des Suchens und der Befreiung, des Kampfes gegen den persönlichen Egoismus und der Öffnung für unsere Brüder. Alle können diesen Gang der Umwandlung und der Erneuerung gehen. Er vollzieht sich in erster Linie tief im Inneren unseres Gewissens. Der heilige Lukas erzählt in dem wunderbaren Gleichnis vom barmherzigen Vater, wie der verlorene Sohn „in sich ging und sagte: … Ich will aufbrechen …“ (vgl. Lk 15,17–18). Jeder Gläubige ist aufgefordert, den gleichen Weg zu gehen: sich innerlich zu erheben, sich von der Sünde, vom Egoismus, von den Fehltritten abzuwenden und ohne Zögern auf Gott und den Nächsten zuzugehen.

Vom „qualifizierten" Bettler

Ich muss für jeden Menschen offen sein, bereit sein, mich ihm zu widmen. Wie kann ich mich ihm widmen? Manchmal können wir schon mit einem einzigen Wort einem anderen ein Geschenk machen. Freilich vermögen wir ihn auch mit einem einzigen Wort tief zu verletzen, ja sogar moralisch zu töten. Erinnern wir uns also an den Ruf Christi in den alltäglichen Situationen, wo wir mit anderen zusammenkommen, zusammenleben. Hier ist jeder von uns immer einer, der anderen „geben" kann, und zugleich einer, der annehmen darf, was andere ihm anbieten.
Die Aufforderung Christi, uns den anderen zu öffnen, heißt Bereitschaft, sich diesen Ruf immer neu sagen zu lassen. Ich darf dem anderen geben. Selbst meine Dankbarkeit, mit der ich das Gute anzunehmen weiß, das mir von anderen entgegenkommt, ist noch Gabe an ihn. Ich kann nicht verschlossen und undankbar sein. Ich kann mich nicht isolieren. Den Ruf Christi vernehmen und sich den anderen öffnen verlangt also eine Veränderung, eine Umprägung unseres täglichen Lebens. Wir müssen diesen Ruf in die gegenwärtige Wirklichkeit unseres

Lebens eindringen lassen! Nicht aufschieben! Nicht meinen, es würde erst später einmal notwendig sein! Wir müssen in dieser inneren Haltung der Offenheit fortwährend verharren. Sonst könnte es geschehen, dass diese „außerordentliche“ Gelegenheit kommt, und dann sind wir nicht in der entsprechenden Verfassung. Man darf die Antwort auf diesen Ruf Christi nicht auf einen unbestimmten späteren Zeitpunkt verschieben, in dem der „qualifizierte“ Bettler erscheinen und die Hand ausstrecken wird.

Von den kleinen Schritten des Heilens

Statt die schöne neue Welt zu planen und zu beschreiben, sollten wir die alte zu heilen suchen. Den Menschen zu ändern heißt in der Tat, ihn zu heilen von seinen Fehlern. Wir müssen die menschliche Gesellschaft neu entwerfen und die Ausgegrenzten in sie zurückführen, indem wir ihre Leben mit allen Mitteln ordnen und schützen.
Es gehört heute viel Mut dazu, diese kleinen Schritte des Heilens und Helfens zu tun, die zur Erfüllung dieser existenziellen Aufgabe unabdingbar sind, die der eigentlichen Erneuerung des Menschen und unserer Welt dienlich sind. Wenn wir schon nicht die ganze Welt verändern können, so sollen wir doch das kleine Stück Welt ändern, das für uns erreichbar ist. Wenn wir nicht für die ganze Menschheit Großes erreichen können, dürfen wir dennoch keinesfalls die im Stich lassen, die wir retten können, und sei es nur ein Einziger.

Der Rosenkranz

Viele tausend Rosenkränze hat Johannes Paul im Lauf der Jahre persönlich verteilt. In verschiedenen Ausführungen, aber immer verpackt und nagelneu, wurden sie Audienzgästen im Apostolischen Palast zum Abschied in die Hand gedrückt, und drohten welche übrig zu bleiben, legte Johannes Paul den letzten Besuchern in der Schlange gerne noch einen drauf.

Der Papst verstand dieses Geschenk als Aufforderung. Er glaubte zutiefst an die Macht des alten Gebetes. Deshalb rief er im Oktober 2002, vor seinem 25-jährigen Amtsjubiläum, das Jahr des Rosenkranzes aus. Gleichzeitig erweiterte er eine Jahrhunderte alte christliche Gebetspraxis, indem er den bisherigen Geheimnissen des Rosenkranzes die lichtreichen Geheimnisse hinzufügte.

Und noch eine weitere Tradition begründete der Papst: Im Marienmonat Mai lud er die Gläubigen in die ansonsten unzugänglichen Vatikanischen Gärten zu einer Rosenkranz-Prozession.

Das Bild zeigt Johannes Paul im November 1980 bei einem seiner traditionellen Gebete mit Ordensleuten, Priestern und Laien, die über Jahre hinweg an jedem ersten Samstag des Monats im Vatikan stattfanden.

Als Johannes Paul starb, versammelten sich auf dem Petersplatz unter seinem Fenster zehntausende Menschen, die ihm nahe sein wollten. Sie beteten den Rosenkranz, viele von ihnen zum ersten Mal.

Vom Respekt für die „Unwichtigen“

Weil wir das Leben umsonst empfangen haben, müssen wir es unsererseits den Schwestern und Brüdern umsonst weitergeben. Diese Überzeugung fordert, die Brüder zu lieben und für sie da zu sein. Je größer ihre Not, umso stärker drängt es, den Gläubigen zu dienen. Lässt Gott vielleicht das Elend zu, damit wir auf die anderen zugehen und somit von unserem Egoismus lassen, um die wahre Liebe des Evangeliums zu leben? Das Gebot Jesu ist unmissverständlich: „Wenn ihr nur die liebt, die euch lieben, welchen Lohn könnt ihr dafür erwarten? Tun das nicht auch die Zöllner?“ (Mt 5,46)
Die Welt knüpft Beziehungen zu anderen, wenn sie etwas einbringen. Die allgemeine Egozentrik räumt Bedürftigen und Schwachen oft keinen Platz ein. Jede Person hingegen, auch die unwichtige, ist um ihrer selbst willen anzunehmen und zu lieben, ohne Beachtung von Vor- und Nachteilen. Im Gegenteil, je schwieriger ihre Lage ist, umso mehr sollte sie Gegenstand unserer konkreten Zuwendung sein. Das ist die Liebe, die die Kirche in unzähligen Werken bezeugt und derentwegen sie sich um Kranke, Abgeschobene, Arme und Ausgebeutete kümmert. Und Christen werden zu Aposteln der Hoffnung – zu Erbauern einer Zivilisation der Liebe.

Von unseren guten Werken

Kein einzelner Mensch kann alle Probleme der Welt lösen, doch ist jeder Akt der Güte ein wichtiger Beitrag zu den Veränderungen, die wir alle miterleben möchten. Alle unsere guten Werke sind ein Sieg der Gerechtigkeit, des Friedens und der Menschenwürde.

Vom Kunstwerk des eigenen Lebens

Nicht alle sind im eigentlichen Sinne des Wortes zu Künstlern berufen. Nach Aussage des Buches Genesis wird jedoch jeder Mensch mit der Aufgabe betraut, Baumeister des eigenen Lebens zu sein: Er soll aus seinem Leben gleichsam ein Kunstwerk, ein Meisterstück machen.

VIII.
Vom Frieden

Von den Friedensstiftern

Jesus preist in der Bergpredigt nicht einfach die Friedfertigen, sondern die Friedensstifter, jene, die mit dem Einsatz ihres ganzen Wesens „Frieden machen“. Der Friede muss erarbeitet, erlitten, erbetet werden.

Vom Abenteuer, Leben zu gestalten

Euch alle lade ich ein, in diesem größten geistigen Abenteuer, vor dem eine Person stehen kann, eure Verantwortung zu übernehmen: das Abenteuer, menschliches Leben zu gestalten, im persönlichen wie im gesellschaftlichen Bereich, und dabei die Berufung des Einzelnen zu achten. Denn zu Recht sagt man, das Leben sei ein Weg voller Entdeckungen: die Entdeckung eines eigenen Wesens, die Entdeckung der Werte, die euer Leben formen, die Entdeckung der Völker und Nationen, denen alle in Solidarität verbunden sind. Diese Entdeckungsreise in der Jugendzeit ist eine Reise, die kein Ende kennt. Während eurer ganzen Lebenszeit müsst ihr die Werte bejahen und immer wieder neu bejahen, die euch selbst und die Welt formen: die Werte, die das Leben fördern, die die Würde und Berufung des Menschen wiedergeben, die eine Welt in Frieden und Gerechtigkeit erbauen.

Vom Sinn für das Gute

Die Probleme der Welt bleiben schwierig und kompliziert: Wie sollen die Menschen dazu gebracht werden, wie Brüder zusammenzuleben, wenn sie so verschieden sind und offensichtlich gegensätzliche direkte Interessen haben, so dass jeder seinen Teil an Brot, Würde, Liebe erhält? Und vor allem: Wie lassen sich die schweren Bedrohungen von Unterdrückung und Kriegen überwinden, die aus dem Herzen der Menschen kommen, wenn sich diese von Aggressivität und Angst, Lüge, Egoismus, Hochmut und Hass leiten lassen? Es gibt also Katastrophenerfahrungen, das stimmt. Es gibt sogar einen Kampf, der geführt werden muss, einen Kampf gegen das Böse in all seinen Formen. Und die nach dem Guten suchen, werden deswegen in diesem Leben keinesfalls vom Zugriff des Bösen verschont bleiben: Wurde Christus etwa verschont? Und doch ist es unsere Pflicht, zur Vermeidung dieser Gefahren beizutragen, um „das Böse durch das Gute zu besiegen" (Röm 12,21). Durch Christus, mit ihm ist das möglich. Das Böse, die Bosheit soll nicht das letzte Wort haben (vgl. Joh 16,33). Und bereits der Sinn für das Gute, der Sinn für die Gerechtigkeit und die

Liebe, die Gott in uns hineinlegt, er legt sie auch in das Herz anderer hinein, vieler anderer, so dass wir auf diesem Gebiet einander begegnen und uns über die Grenzen hinweg die Hand reichen können, um eine Welt von Brüdern zu schaffen.

Von der Versöhnung mit uns selbst

Sich mit dem Gott des Anfangs versöhnen lassen. Nicht wir haben den Anfang gesetzt. Er war es, der uns geschaffen hat. Wir müssen uns aus seiner Hand annehmen. Viele Menschen unserer Zeit sind nicht mehr bereit, diese Tatsache anzunehmen: zu sein, wie sie sind, also mit bestimmten Wesensmerkmalen, einer bestimmten Vorgeschichte, in einer bestimmten Weltepoche, in einer bestimmten sozialen und kulturellen Situation. Ja sagen zu mir selbst; Ja sagen dazu, dass Gott mich hier und jetzt, so und nicht anders, leben lässt; Ja sagen zu meinen Grenzen, aber auch Ja sagen zum Du, zum Nächsten, dazu, dass er von Gott so geschaffen worden ist: Das alles gehört unvermeidlich zu unserem Ja zu Gott.

Wer den Mut hat und zulässt, dass das Ja Gottes und das eigene Ja zu Gott stärker ist als jede negative Erfahrung, wer bereit ist, immer wieder durch die Versöhnung mit Gott und dem Nächsten sein Versagen vor diesem Ja zu überwinden, nur der wird mit dem eigenen Dasein versöhnt.

Von den Wächtern des Friedens

Die Gläubigen, welcher Religion sie auch immer angehören, haben die Pflicht, zu verkünden, dass wir niemals „gegeneinander" glücklich sein können; niemals kann die Zukunft der Menschheit durch Terrorismus und durch die Logik des Krieges gesichert werden. Besonders wir Christen sind dazu aufgerufen, an den Orten, wo wir leben und arbeiten, gleichsam Wächter des Friedens zu sein. Es wird also von uns gefordert, darüber zu wachen, dass die Gewissen nicht den Versuchungen des Egoismus, der Lüge und der Gewalt nachgeben.

IX.
Von der Wahrheit

Vom Öl der Wahrheit

Wahrheit ist das, was zu guter Letzt an die Oberfläche kommt – wie Öl im Wasser. So enthüllt sie uns das Leben – langsam, Stück für Stück, doch ständig. Dazu ist sie in uns, in jedem Menschen. Gerade dort ist sie dem Leben nahe. Wir tragen sie in uns, und sie ist stärker als unsere Schwachheit.

Von Wahrheit und Zeit

Christus: Die Zeiten strecken ihm die Hände zu.
Ich schaue in die Zeiten hinein.
Ich sehe, dass er das Symbol
und die tatsächliche Wahrheit ist.
Für ihn sind die Kränze, die geflochten sind
aus meinen Gedanken und aus den Sonetten
und aus dem Schein des Heiligen.

Vom Ja zu einem alternativen Leben

Christsein bedeutet Ja sagen zu einem alternativen Leben, das sich nicht in den Bahnen dieser Welt erschöpft, sondern das Sinn und Ziel im Geheimnis Gottes hat. Christsein bedeutet Ja sagen zu einem alternativen Leben, das nicht mit allem einverstanden ist, was auf dieser Erde geschieht, sondern sich selbst kritisch einbringt und am Aufbau einer immer gerechteren Welt mitarbeitet. Christsein bedeutet Ja sagen zu einem alternativen Leben, das nicht alles für erlaubt hält, was der Mensch zu tun vermag, sondern das seine Verantwortung wahrnimmt für die gesamte Schöpfung, nämlich Leben zu erhalten, es zu beschützen und weiterzugeben. Denn Christsein bedeutet, sich zu Christus zu bekennen, der von sich gesagt hat: „Ich bin der Weg, die Wahrheit und das Leben" (Joh 14,6).

Der Kreuzweg

Auf der ganzen Welt vollziehen Christen – besonders am Karfreitag – das Leiden und Sterben Jesu im Kreuzweg nach. In 14 Stationen, Schritt für Schritt, nähern sie sich dem Geheimnis der Erlösung des Menschen. Papst Johannes Paul II. meditierte die *Via Crucis* immer am Karfreitag am römischen Kolosseum. Zehntausende Gläubige versammelten sich jedes Jahr an jenem Ort, der eine zeitlose Metapher blutigen Leidens ist. Für viele ist dieser Kreuzweg die bewegendste Andacht im römischen Kirchenjahr.

Die Stationen der *Via Crucis* zu kommentieren, überließ der Papst in jedem Jahr wechselnden Persönlichkeiten. Einmal stammten die Texte vom Ökumenischen Patriarchen von Konstantinopel, Bartholomaios I., ein anderes Mal von 14 internationalen Vatikanjournalisten, die für gewöhnlich über Papst und Kurie berichten. Die Meditationen zum letzten Kreuzweg, den Johannes Paul erlebte, schrieb Kardinal Joseph Ratzinger. Er wurde dreieinhalb Wochen nach dem Karfreitag 2005 zu Johannes Pauls Nachfolger auf dem Stuhl Petri gewählt.

Bei der *Via Crucis* am Kolosseum geht das schlichte schwarze Holzkreuz an jeder Station auf einen anderen Träger über. Eine Einwandererfamilie aus Albanien kam zum Zug, südkoreanische Ordensfrauen, Neuvermählte, Priesterstudenten, afrikanische Klosterschülerinnen und viele andere: das breite Spektrum der Weltkirche. Vor der letzten Station war es immer Johannes Paul selbst, der das Kreuz in seine Hände nahm und es trug bis zum Ende.

Von der Entdeckungsreise in die Tiefe

Was ich euch vorschlage, ist eine große Sache. Das Erringen einer größeren Tiefe ist der Schlüssel zu einem Leben, das sich zu leben lohnt, weil es zu einer außerordentlichen, niemals abgeschlossenen Entdeckung seiner selbst, der anderen, der Welt und Gottes wird.

Vom Auslegungsschlüssel des Menschen

„Da sein für ...", in Beziehung und in Hingabe sein, darin besteht die Wesensstruktur der personalmenschlichen Existenz. Der Mensch existiert nicht nur „in der Welt", nicht nur „in sich selbst", sondern er existiert „in Beziehung", „in Hingabe": Er muss so existieren. Er kann sich selbst nur voll finden in selbstloser Hingabe seiner selbst. Ohne diese Beziehung und Hingabe verliert das ganze menschliche Dasein auf Erden seinen tiefen Sinn. Wenn dem Menschen diese wichtigste Beziehung, diese Sicht „über die Welt hinaus" fehlt, dann werden alle Errungenschaften der Zivilisation, der ganze Fortschritt der Kultur, der Wissenschaft, der Technik zu einer unvermeidlichen Niederlage des Menschen führen.

Von der Quelle

Die Waldbucht senkt sich herab
im Rhythmus sprudelnder Bergbäche …
Willst du die Quelle finden,
musst du hinaufsteigen, immer weiter,
gegen den Strom.

Vom Christen, der gegen den Strom schwimmt

In der modernen Zeit hat die Menschheit außergewöhnliche wissenschaftliche und technische Fortschritte gemacht, doch sie hat dabei oft die Antworten auf die wirklich großen Daseinsfragen verloren. Das ist ein echtes Drama. So treffen wir überall um uns auf ein Gefühl der Unsicherheit. Wie soll man ein echter Christ sein in einer Welt, die zuweilen nur sehr wenig Christliches an sich hat? Wie soll man den Glauben in einer Umwelt leben, die ihm feindlich gegenübersteht oder wenigstens von ihm absieht und sich gleichgültig für schon befriedigt hält?

Wir müssen gegen den Strom schwimmen. Der Glaube ist nicht mehr, wie vielleicht in anderen Zeiten, selbstverständlich. Er ist ein Glaube der Entscheidungen, bei dem von einem jeden der Einsatz seiner selbst verlangt wird, wobei man mit den eigenen Überzeugungen die Umwelt herausfordert. Der Glaube, meine Lieben, ist wie das Gold: Es wird im Feuer geläutert. Will er echt sein, muss er seinen Weg über das Kreuz Christi nehmen.

Ihr fragt euch, ob Freude mitten in zahlreichen Prüfungen und Leiden möglich ist. Schaut auf Franziskus: In seinem Leben änderte sich alles radikal, als er in Assisi in eine Kirche kam, betete und den Blick auf das Kreuz richtete. Er fühlte sich in diesem Augenblick geliebt, geliebt von Christus. Seine Augen öffneten sich zum ersten Mal für das Antlitz Gottes, das im gekreuzigten Jesus sichtbar wurde. Nun fühlte sich Franziskus von einer nie gespürten Reue erfüllt, zugleich aber empfand er auch eine ganz neue Freude, und von diesem Tag an wurde sein ganzes Leben neu.
Wir müssen zu einer persönlichen Gotteserkenntnis hinfinden, nicht einer abstrakten, sondern einer von Du zu Du, von Person zu Person. Dann denken wir nicht einmal mehr an unsere Sünden. Ihr müsst auf Christus schauen.

Von der Freiheit

Freiheit bedeutet nicht das Recht zur Beliebigkeit. Freiheit ist kein Freibrief! Wer aus der Freiheit einen Freibrief macht, hat der Freiheit bereits den Todesstoß versetzt. Der freie Mensch ist vielmehr der Wahrheit verpflichtet. Sonst hat seine Freiheit keinen festeren Bestand als ein schöner Traum, der beim Erwachen zerbricht. Der Mensch verdankt sich nicht sich selbst, sondern ist Geschöpf Gottes; er ist nicht Herr über sein Leben und über das der anderen; er ist – will er in Wahrheit Mensch sein – ein Hörender und Horchender: Seine freie Schaffenskraft wird sich nur dann wirksam und dauerhaft entfalten, wenn sie auf der Wahrheit, die dem Menschen vorgegeben ist, als unzerbrechlichem Fundament gründet. Dann wird der Mensch sich verwirklichen, ja über sich hinauswachsen können. – Es gibt keine Freiheit ohne Wahrheit. Der Mensch ist zur Freiheit berufen.

Vom Wunder des Staunens

Der Bergbach gerät nicht ins Staunen,
wenn er herabrauscht
und schweigend die Wälder talwärts ziehen
im Rhythmus des Baches –
der Mensch aber: Er staunt!
Die Schwelle, die die Welt in ihm überschreitet,
ist die Schwelle des Staunens.
(Und dieses Staunen ward einst „Adam“ genannt.)

Er war allein mit seinem Staunen
inmitten von Geschöpfen,
die das Staunen nicht kannten,
denen es genügte, zu sein und zu vergehen.
Der Mensch auf der Woge vielfachen Staunens
teilte ihr Los der Vergänglichkeit.
Doch staunend hob er sich immer wieder hervor
aus dieser Woge, die ihn weitertrug,
so als wollte er allem Sein, das ihn umgab,
verkünden:
„Halt inne! – In mir kannst du Anker werfen,
in mir liegt der Ort der Begegnung
mit dem WORT von Ewigkeit –
halt inne, das Vergehen hat einen Sinn,
hat einen Sinn … hat einen Sinn …
hat einen Sinn!“

X.
Von der Glückseligkeit

Vom Gesandtsein

Ich spannte meine Seele in den Bogen,
nur noch den Pfeil an die Bogensehne anlegen,
mit der Brust die Wolken berühren …
Ich bin von Gott gesandt!

Von der Formbarkeit des Schicksals

Zwei Dinge dürfen wir nicht vergessen. Dass unsere Freude mehr dem entspringt, was wir sind, als dem, was wir besitzen, und dass unser Schicksal nicht so sehr davon abhängt, was im Äußeren geschieht, sondern vielmehr davon, was jeder im Innersten seines Gewissens entscheidet und im persönlichen Leben konkret zu verwirklichen trachtet.

Vom Weg zur Glückseligkeit

Wenn wir in die Tiefe unseres Lebens blicken, so entdecken wir es als ein Geschenk, über das wir nur staunen können. Wir sind – und könnten doch auch nicht sein. Jeden Tag erwachen wir zum Leben und fühlen, wie Kräfte und Bestrebungen in uns ausströmen, deren Ursprung wir nicht finden können. Jeden Moment wächst das Leben durch den Einfluss der Wirklichkeit, die wir nicht vorbereitet haben. Es gibt also ein unermessliches Geheimnis, das unser Leben aufrechterhält. Wer glaubt, nennt es mutig den „lebendigen Gott", die Fülle des Lebens und den Lebensspender. Vor ihm wird unser Leben zu einer verantwortungsvollen Antwort aufgerufen, denn er hat uns in Freiheit uns selbst gegeben.
Ich habe sogar den Mut, euch den Weg vor Augen zu stellen, den Christus, Sohn Gottes und wahrer Mensch, in der Verwirklichung der eigenen Freiheit gegangen ist. Es ist der Weg, der uns in den Seligpreisungen (vgl. Mt 5,3–12) verkündigt wird. Das immer wieder neu und feierlich wiederholte „Selig" kann in eurem Herzen nichts anderes als jenes Verlangen nach Glück hervorrufen, das euer jugendliches Dasein ganz besonders kennzeichnet. Ein solches Glück ist kein Traum. Es ist eine Wirklichkeit, die Gott vor euch aufgetan hat, als er in Christus sein Reich des Heils

und des Lebens, der Freiheit und der Gerechtigkeit gegenwärtig gemacht hat.
Die Wege, die zum Glück und zur vollen Verwirklichung des Lebens führen, werden aufgezeigt im Verhalten derer, an die sich die Seligpreisungen richten. Seid auch ihr „arm vor Gott und sanftmütig", d. h. frei und voll Liebe. Habt volles, totales Vertrauen in Gott, der euer Leben nicht enttäuscht. Verschließt ihm niemals das Herz im Egoismus. Verhärtet euch nicht in der Oberflächlichkeit und der Gleichgültigkeit. Denkt darüber nach und habt den Mut, auf dieses Wort hin die wichtigsten Entscheidungen eures Daseins zu wagen! Auch wenn ihr vielleicht betrübt seid, weil euer Leben von Müdigkeit, Leiden oder Enttäuschung bedrückt ist, lasst nicht von der Hoffnung auf Gott ab. Er hat die Kraft, aus menschlicher Sicht verzweifelt scheinende Situationen umzukehren. Er ist fähig, Neues zu schaffen, wo wir es nicht zu erwarten wagen. Lasst euren Hunger und euren Durst nie im übertriebenen Suchen nach materiellen Gütern abflachen und sich nicht in der Befriedigung der unmittelbaren Bedürfnisse erschöpfen. Pflegt hingegen an erster Stelle „den Hunger und Durst nach der Gerechtigkeit" Gottes, der sich in den Forderungen eines Lebens nach dem Evangelium offenbart. Lasst euch nicht von ihrer Radikalität entmutigen, sondern macht sie fortwährend zum Gegenstand eures Strebens und eurer Vorsätze.

Von der Liebe zur Welt

Der Schlüssel des menschlichen Glücks liegt in Jesus Christus, der eigentlichen Gestalt jedes geschenkten Daseins. Er hat den schmerzlichen Gegensatz zwischen Himmel und Erde, zwischen Gegenwart und Zukunft, zwischen Mensch und Gott überwunden. Unsere Zeit, noch mit den Folgen der Sünde belastet und dennoch schon von Christus erlöst, kann in der Hoffnung auf eine endgültige Erfüllung als Zeit des Glücks gelebt werden. Diese Welt, in der noch Übel und Tod herrschen, kann freudig geliebt werden, weil das Reich Gottes, das seine Vollendung bei der Wiederkunft des Herrn erfahren wird, schon auf dieser Erde gegenwärtig ist und somit der Anfang, das Bild und die Prophetie der neuen Erde und des neuen Himmels ist. Die leibliche Wirklichkeit kann in ihrer ganzen Schwere von Elend und Leid angenommen werden, und selbst der Tod ist kraft der Verheißung der Auferstehung nicht mehr Ursache der Verzweiflung.

Alles ist gerettet, selbst der banale Alltag, selbst die schmerzvolle Prüfung. Dem Sünder steht allzeit die Vergebung seiner Verfehlungen offen. Das ist die christliche Auffassung von Glück, das ist die Verheißung der Seligkeiten, deren Licht wir verbreiten wollen, „ein Licht, das an einem finsteren Ort scheint, bis der Tag anbricht und der Morgenstern aufgeht in eurem Herzen“ (2 Petr 1,19).

IOANNES PAVLVS·PP·II
16·X·1978 * 2·IV·2005

Das Grab

Die meisten Päpste der Neuzeit sind im Petersdom begraben. In den so genannten Grotten der Basilika ruht auch Johannes Paul II. Nur wenige Meter trennen sein Grab von jenem des Apostelfürsten Petrus, über dem sich in der Vierung des Domes der gewaltige barocke Hauptaltar erhebt.

Er wolle in einem Erdgrab bestattet werden, hatte der polnische Papst in einem Satz seines Testamentes erwähnt, das bedeutet: nicht in einem frei stehenden Marmorsarkophag. Es war ein letztes Bekenntnis zur Bescheidenheit. Die Nische, in der Johannes Paul seine Ruhestätte gefunden hat, ist von einem weiß getünchten Halbrund abgezirkelt und mit gewöhnlichen Fliesen aus Marmorstücken ausgelegt. In den Boden eingelassen ist eine Platte aus weißgrauem Carrara-Marmor. Sie trägt in goldenen Lettern den Namen des Papstes auf Latein und die Daten seines Amtes. Das Relief an der Stirnseite des Halbrundes zeigt eine Madonna mit Kind.

Es ist das schlichteste Papstgrab, das sich denken lässt.

Von Freude in Fülle

Freude ist im wahrsten Sinne der Grundgedanke der christlichen Botschaft. Es ist mein Wunsch, dass die christliche Botschaft all denen Freude bringe, die ein offenes Herz für sie haben: Freude den Kindern, Freude den Eltern, Freude den Familien und Freunden, Freude den Arbeitern und Gelehrten, Freude den Alten und Kranken, Freude der ganzen Menschheit – bleibende, tiefe Freude allen …
Quelle unserer Freude ist der Glaube. Wir glauben an einen Gott, der uns für die menschliche Freude erschaffen hat. Bis zu einem gewissen Grad spüren wir diese Freude auf Erden, in ihrer ganzen Fülle aber im Himmel, in der seligen Schau Gottes. Wir sind dazu bestimmt, die menschlichen Freuden zu empfinden: die Freude am Leben, die Freude an der Liebe und Freundschaft, die Freude an einem gelungenen Werk.
Als Christen haben wir einen weiteren Grund, uns zu freuen: Wie Jesus wissen wir, dass wir von Gott, unserem Vater, geliebt werden. Diese Liebe verändert unser Leben und erfüllt uns mit Freude. Sie lässt uns erkennen, dass Jesus nicht gekommen ist, um uns Lasten aufzubürden. Er kam, um zu lehren, was es bedeutet, vollkommen glücklich und ganz Mensch zu sein.

Von der Hingabe

Wie sieht die Suche nach Glück heute aus? Was kennzeichnet sie?
Für viele ist das Glück nicht mehr an die Erfüllung ethischer Pflichten gebunden und auch nicht an die Suche einer persönlichen Beziehung zu Gott. In diesem Sinn können wir von einem Bruch zwischen Glück und Moral sprechen. Die Suche nach dem Glück im Rahmen der Tugenden wird so für unsere Zeitgenossen zu etwas Fremdartigem. Was sie in erster Linie suchen, ist das leibliche Wohlbefinden, also Gesundheit, Schönheit und Jugendlichkeit. Das ist das Bild eines im geschlossenen Kreis des Wunsches und seiner Befriedigung gefangenen Glücks. Freilich darf man nicht vergessen, dass die Wohlstandsgesellschaft auch von Mitleid und Wohlwollen den anderen gegenüber gekennzeichnet ist wie auch von echter Hochherzigkeit.
Diese Kultur wird oft als die der Selbstbewunderung bezeichnet. Der von der griechischen Antike erfundene Mythos zeigt, dass der damalige Mensch schon um die Unfruchtbarkeit einer in sich selbst geschlossenen Liebe wusste. Nur

sich selbst lieben heißt, sich zerstören und vergehen. „Wer sein Leben retten will, wird es verlieren“, sagt Jesus (Mk 8,35).
Sind der Blick, der dem anderen zugewendet ist, und die Selbstvergessenheit um des anderen und seines Glückes willen nicht die eindrucksvollsten Bilder des göttlichen Geheimnisses? Der lebendige und wahre Gott, dessen Antlitz Jesus uns offenbart hat, ist kein einsamer Gott. Unter den göttlichen Personen ist alles Gabe, Teilhabe und Mitteilung, in einem ewigen Hauch der Liebe. Alles Glück Gottes und seine Freude sind das Glück und die Freude des gegenseitigen Sichschenkens. Für den nach seinem Bild geschaffenen Menschen gibt es kein Glück ohne Selbsthingabe.

Vom hinreißenden Geheimnis des Glücks

Lieben, das heißt: sich dem anderen schenken. Nicht einem bloßen Hang folgen, sondern sich entschlossen haben, zu dem anderen zu gehen. Um in Wahrheit lieben zu können, muss man sich von vielen Dingen lösen, besonders von sich selbst, man muss lernen, ohne Berechnung zu geben. Diese Selbstreinigung – ein Werk langen Atems – ist erschöpfend und hinreißend. Sie ist eine Quelle des Gleichgewichts. Sie ist das Geheimnis des Glücks.

Von der Freude Gottes am Menschen

Wie oft ist der Mensch vom Schicksal erdrückt! Wie oft ist er der Verzweiflung nahe. Wie oft verzagt er am Sinn seines Menschseins. Wie oft ist er – gegen allen Anschein – weit davon entfernt, über sich froh zu sein.
Aber heute richtet er sich auf und hört die Botschaft: Gott wird in die Geschichte der Menschen geboren!
Gott freut sich am Menschen. Gott ist Mensch geworden. Gott freut sich an dir!

Papst Johannes Paul II. 1920-2005

Karol Wojtyła kommt am 18. Mai 1920 in Wadowice bei Krakau *(Kraków)* zur Welt. Er ist der zweite Sohn seiner Eltern Emilia und Karol. Sein Vater ist Leutnant bei der Armee. Die Mutter stirbt, als ihr jüngster Sohn neun Jahre alt ist; wenige Jahre später folgt ihr Karols älterer Bruder in den Tod. Nach der Matura im Gymnasium seiner Heimatstadt zieht Karol 1938 zusammen mit seinem Vater nach Krakau. Dort nimmt er an der Jagiellonen-Universität das Studium der polnischen Literatur auf.

Ein Jahr später, am 1. September 1939, greift Hitler das östliche Nachbarland an. Der Zweite Weltkrieg beginnt. Gestapo und SS nehmen überall in Polen Intellektuelle, Politiker und Beamte fest. Das akademische Leben wandert in den Untergrund. Dort entstehen auch geheime Theaterzirkel, die sich polnischer Dramatik widmen und Zentren des geistigen Widerstands gegen die Naziherrschaft werden. Der Literaturstudent Wojtyła wirkt als Schauspieler am „Rhapsodie-Theater" mit, für das er auch nach alttestamentlichen Stoffen das Drama *Hiob* schreibt. Später wird er sich in seinem Stück *Der Laden des Goldschmieds* mit dem Sakrament der Ehe auseinander setzen.

Um der Deportation zu entgehen, muss Wojtyła eine Arbeit in einem „kriegswichtigen Betrieb" aufnehmen. Tagsüber arbeitet er Seite an Seite mit den Arbeitern im Steinbruch des Chemiewerkes Solvay, 30 Kilometer vor Krakau. Wojtyła wird der erste Papst der Kirchengeschichte sein, der als Hilfsarbeiter diente.

Im Februar 1941 stirbt Karols Vater; der Sohn findet ihn zu Hause tot auf. Wenig später reift in dem jungen Mann der Entschluss, Priester zu werden. In einfachen Worten teilt Wojtyła seinen Wunsch dem Erzbischof von Krakau, Fürst Adam Stefan Sapieha, bei einem Treffen 1942 mit. Der Kardinal nimmt den 20-Jährigen ins Theologische Seminar auf. Auch dieses kann nur im Untergrund bestehen.

Nach dem Krieg schließt Wojtyła sein Theologiestudium mit der Note „Ausgezeichnet“ ab. Sapieha weiht ihn 1946 zum Priester. Es ist der 1. November, ein ungewöhnlicher Tag für Priesterweihen. Doch der Kardinal hat es eilig mit seinem begabten Studenten: Er schickt ihn umgehend nach Rom. Dort soll Wojtyła an der päpstlichen Dominikaner-Universität Angelicum seine Studien vollenden, Italienisch lernen und sich im Zentrum der Weltkirche umsehen.

1948 promoviert der junge Theologe mit einer Doktorarbeit über den spanischen Mystiker Johannes vom Kreuz *magna cum laude* und kehrt nach Polen zurück. Kardinal Sapieha schickt ihn zunächst als Kaplan in die Landpfarre Niegowice, wo er erste Erfahrungen als Seelsorger sammelt. Danach wird er Studentenpfarrer in Krakau und nimmt einen Lehrauftrag für Sozialethik an der Universität Lublin an. In einer Zeit, in der ausschließlich kommunistische Jugendorganisationen erlaubt sind, trifft sich der Priester mit den jungen Leuten gerne bei Wanderungen im Grünen. Als Papst Pius XII. ihn 1958 zum Weihbischof von Krakau ernennt, ist er gerade mit einer Gruppe Jugendlicher beim Kanufahren. Kurzfristig enteilt er nach Warschau, um sich mit der Neuigkeit bekannt zu machen, danach kehrt er zu seinen Studenten und dem Kanu zurück.

Mit 38 Jahren ist Karol Wojtyła der jüngste unter den polnischen Bischöfen. Als solcher reist er 1962 zusammen mit anderen Oberhirten seines Landes nach Rom zur Eröffnungssitzung des II. Vatikanischen Konzils. Dort zieht er erstmals die Aufmerksamkeit einer breiteren Öffentlichkeit auf sich: Dieser junge Oberhirte entspricht nicht dem Stereotyp des „konservativen“ polnischen Bischofs. Er liefert wichtige Beiträge zu Fragen der Liturgie, der Kirche in der Welt und zum Atheismus, wobei er sich für Dialog anstelle von Verurteilung ausspricht. Unter den Gelehrten, die ihn am meisten beeindrucken, sind der deutsche Jesuit Karl Rahner und der Schweizer Theologe Hans Küng, mit dem er später brechen wird. Und er ist der Einzige, der sich bei seinen Wortmeldungen ausdrücklich auch an die – in spärlicher Zahl anwesenden – Ordensfrauen wendet.

Anfang 1964 ernennt Papst Paul VI. Wojtyła zum Erzbischof von Krakau. Als solcher nimmt er an den noch verbliebenen Sitzungsperioden des Konzils teil; die Konzilskonstitution

Gaudium et Spes trägt auch seine Handschrift. 1967 erhebt Paul VI. den Erzbischof zum Kardinal.

Nach dem Konzil führt Wojtyłas wachsendes internationales Ansehen dazu, dass er zu größeren Reisen eingeladen wird: Er besucht Kanada und die USA, Australien, die Philippinen und Neuguinea. Teils ist er als Beauftragter des polnischen Primas, des streitbaren Kardinals Stefan Wyszyński, unterwegs. Doch in politische Fragen lässt der Erzbischof sich nicht gerne hineinziehen; immer wieder betont er den religiösen Charakter seiner Reisen. Und die polnischen Kommunisten zu Hause sehen in Wojtyła einen – im Gegensatz zu Wyszyński – pflegeleichten Kirchenmann.

Paul VI. schätzt den Krakauer Oberhirten sehr. Dass er ihn 1976 im Vatikan die Fastenexerzitien für Papst und Kurie halten lässt, gilt in Kirchenkreisen als hohe Auszeichnung. Paul VI. stirbt zwei Jahre später, am 6. August 1978, in seiner Sommerresidenz Castel Gandolfo. Zu seinem Nachfolger wählen die Kardinäle im ersten Konklave des „Dreipäpstejahres“ den Patriarchen von Venedig, Albino Luciani, der sich den Namen Johannes Paul I. gibt. Das schwere Amt lastet nur 33 Tage auf seinen Schultern; dann stirbt auch er. Abermals treten die Kardinäle in der Sixtinischen Kapelle zusammen. Zur Überraschung der Welt wählen sie am 16. Oktober 1978 Karol Wojtyła zum ersten slawischen Papst der Kirchengeschichte.

Mit Johannes Paul II. bricht für die katholische Kirche ein neues Zeitalter an. Das Oberhaupt fühlt sich als Seelsorger, nicht als Souverän. Wojtyłas Umgangston ist herzlich, das majestätische „Wir“ der Päpste weicht dem „Ich“. Die *sedia gestatoria,* der Tragsessel, verschwindet für immer im vatikanischen Fundus. Die Generalaudienz verlegt er auf den Petersplatz, weil die Basilika zu klein wird. Damit alle ihn sehen können, fährt er in einem offenen Jeep durch die Menge, schüttelt die Hände fassungsloser Pilger und küsst ihm hingereichte Kleinkinder.

Nicht einmal ein halbes Jahr nach seiner Wahl veröffentlicht der Wojtyła-Papst seine Antrittsenzyklika *Redemptor hominis* („Der Erlöser des Menschen“). Sie beinhaltet sein theologisches Programm: Der Mensch und niemand anderer als der Mensch ist der „Weg der Kirche“, weil Gott in Christus selbst Mensch geworden ist. Deshalb darf der Mensch nicht zum Sklaven von Ideologien und Materialismus werden, und deshalb gibt es für

Johannes Paul II. einen inneren Zusammenhang zwischen Glauben einerseits und Kampf für eine gerechtere Welt, Lebensschutz und Solidarität andererseits.

Dreizehn weitere Enzykliken folgen. In drei von ihnen geht es dem ehemaligen Professor für Sozialethik um soziale Themen, zwei beschäftigen sich mit Ökumene, weitere zwei mit ethischen Grundsatzfragen wie Lebensschutz, also Abtreibung und Euthanasie *(Evangelium Vitae,* 1995).

Dennoch ist Johannes Paul II. kein Papst, der sein Amt vom Schreibtisch aus erledigt. Drei Monate nach seiner Wahl bricht er zu seiner ersten Auslandsreise auf, nach Mexiko. Der winkende Johannes Paul beim Verlassen des Flugzeuges, beim Küssen des Bodens oder beim Feiern des Gottesdienstes auf einem offenen Feld mit Hunderttausenden Pilgern: Bilder wie diese werden sein Pontifikat kennzeichnen. 104 Auslandsreisen unternimmt dieser Papst, im Schnitt also vier pro Jahr. Wojtyłas Reisestrategie ist eine grundsätzlich andere als die von Paul VI., der etwa zur UNO nach New York oder ins Heilige Land reiste. Während Papst Paul VI. seine Ziele nach symbolischer Bedeutung auswählte, will Wojtyła als Seelsorger kommen. Er sucht den Kontakt zu den Menschen, lässt sich die Inszenierung von Massenauftritten gefallen und mischt sich mit Predigten und Gesten in gesellschaftspolitische Fragen ein.

Von historischer Bedeutung ist Johannes Pauls erste Polenreise im Sommer 1979. Millionen Menschen strömen auf die Plätze. Sie wollen „ihren“ Papst hören, der um eine Erneuerung des Landes betet. Wenige Monate später entsteht in Polen die erste freie Gewerkschaft des Ostblocks. Die vom Vatikan unterstützte „Solidarność“ wird in einem jahrelangen Kampf den Niedergang des Kommunismus einläuten. Auch für andere Diktaturen erweisen sich Papstbesuche als politisch kostspielig. In Chile, Paraguay, Haiti, auf den Philippinen und in Nicaragua verkürzt sich die Amtszeit der jeweiligen Machthaber nach Johannes Pauls Besuch drastisch. Zum einen, weil sich Oppositionsgruppen durch die Worte des Papstes bestärkt fühlen, zum anderen, weil plötzlich die Augen der Weltöffentlichkeit auf dem betreffenden Land ruhen.

Am 13. Mai 1981 wird Johannes Paul II. zur Zielscheibe eines Attentats. Der Türke Ali Agca feuert während der Generalaudienz auf dem Petersplatz Schüsse auf ihn ab und verletzt ihn lebensgefährlich. Das Attentat markiert die erste Station des physischen Leidensweges Johannes Pauls. Im Juli 1992 entfernen die Ärzte einen faustgroßen Darmtumor. Seine fortschreitende Parkinson-Erkrankung führt zu einer Reihe gefährlicher Stürze. Nach dem missglückten Einsatz eines künstlichen Hüftgelenkes macht sich eine Gehbehinderung bemerkbar. 1996 entfernen die Ärzte den Blinddarm sowie wucherndes Narbengewebe aus dem Bauchraum, eine Spätfolge der Schussverletzung. Seit dem Heiligen Jahr 2000 sind Gehbehinderung und Parkinson beim Papst unübersehbar.

Johannes Pauls persönlicher Kreuzweg seit dem Attentat schmälert seine Arbeitsleistung keineswegs. Als erster Papst besucht er 1983 ein protestantisches Gotteshaus und drei Jahre später eine Synagoge. Außerdem initiiert er 1986 in Assisi ein gemeinsames Gebet der Weltreligionen für den Frieden. Nach den Anschlägen vom 11. September 2001 wird dieses Gebet zu einem Friedensgipfel, bei dem der Papst und die Vertreter der anderen Bekenntnisse und Religionen, besonders auch der muslimischen, zu einer weltweiten Koalition für Frieden und Verständigung aufrufen.

1992 stellt der Papst den neuen Weltkatechismus vor. In dogmatischen Fragen erweist sich Johannes Paul während seiner Amtszeit als unbeugsam. Künstliche Empfängnisverhütung bleibt für ihn inakzeptabel. In seinem Apostolischen Schreiben *Über die nur Männern vorbehaltene Priesterweihe* von 1984 erneuert er die Ablehnung der katholischen Kirche, Frauen zur Weihe zuzulassen, und erklärt diese Entscheidung für endgültig.

1998 spricht Johannes Paul Edith Stein heilig. Die deutsche Ordensfrau jüdischer Abstammung wird am Ende des Pontifikates eine von knapp 1.800 Dienerinnen und Dienern Gottes sein, die Johannes Paul zu Seligen oder Heiligen macht. Bei seiner Kanonisierungspolitik scheut der Papst auch vor diplomatisch wagemutigen Entscheidungen nicht zurück. Am 1. Oktober 2000 spricht er auf dem Petersplatz trotz der Kritik aus Peking 120 Märtyrer heilig, die in China Christenverfolgungen zum Opfer gefallen sind. Neue Spannungen zwischen Peking und dem Heiligen Stuhl sind die Folge. So ist China – zusammen mit Russland – ein weißer Fleck auf der Landkarte der päpstlichen Reisen geblieben, obwohl Johannes Paul auf Besuche in beiden Ländern gedrängt hat. Ebenfalls ins Heilige Jahr 2000 fällt die große Vergebungsbitte Johannes Pauls für historische Vergehen der Christen in den 2000 Jahren der Geschichte ihrer Kirche.

Lebensschutz und Frieden sind von Anfang an bis zuletzt die Schlüsselthemen dieses Papstes. Immer wieder vermittelt der Heilige Stuhl unter seiner Führung in Krisenherden und äußert sich gefragt oder ungefragt zu politischen Vorgängen der Welt wie dem Irak-Krieg oder der – nach Vatikan-Meinung – lebens- oder familienfeindlichen Gesetzgebung einzelner Staaten.

Neben all seinen Aufgaben als Kirchenoberhaupt findet Johannes Paul II. die Zeit, Bücher zu schreiben. 2004 erscheint an seinem 84. Geburtstag *Auf, lasst uns gehen!,* der zweite Teil seiner Autobiografie. Der erste Teil, *Geschenk und Geheimnis,* ist 1996 erschienen. Der Gedichtband *Das römische Triptychon* (2003) bietet poetische Meditationen, unter anderem über die Sixtinische Kapelle, den Ort der Papstwahl.

Als Johannes Paul II. am Abend des 2. April 2005 in seiner Wohnung im Apostolischen Palast stirbt, geht eines der längsten Pontifikate der Kirchengeschichte zu Ende. Nach 26-einhalb Jahren hat er die Leitung der katholischen Kirche in andere Hände gelegt und ist – im wahren Wortsinn – selig im Herrn entschlafen.

Sein Nachfolger Benedikt XVI. leitet wenige Wochen später das Verfahren zur Seligsprechung ein.

Quellenverzeichnis

S. 13, 40-41, 62, 76, 110, 116, 117, 158 entnommen aus:
Karol Wojtyła: Zeichen des Widerspruchs,
© Patmos Verlag GmbH & Co KG, Düsseldorf, 1979

S. 154 entnommen aus: Karol Wojtyła, Der Bruder unseres Gottes – Strahlung des Vaters, © 1981Libreria Editrice Vaticana, Città del Vaticano, © Verlag Herder, Freiburg im Breisgau, 1981

S. 159, 163 entnommen aus: Johannes Paul II., Römisches Triptychon,
© 2003 Libreria Editrice Vaticana, Città del Vaticano,
© Verlag Herder, Freiburg im Breisgau, 2003

S. 21, 35, 37, 49, 173 entnommen aus: Schriften der Deutschen Bischofskonferenz © 1979 Sekretariat der Deutschen Bischofskonferenz, Kaiserstraße 161, 53113 Bonn

S. 14, 17, 36, 38, 65, 80, 120, 142-143, 169, 172, entnommen aus:
Schriften der Deutschen Bischofskonferenz
© 1980 Sekretariat der Deutschen Bischofskonferenz, Kaiserstraße 161, 53113 Bonn

S. 12, 25, 59, 60, 93, 115, 155, 164, 167 entnommen aus: Karol Wojtyła: Die Jugendgedichte des Papstes. Übersetzung von Blasius Choduba, Styria Verlag, 2000
© Libreria Editrice Vaticana, Città del Vaticano

S. 48: entnommen aus: Karol Wojtyła / Johannes Paul II.: Erziehung zur Liebe. Mit einer ethischen Fibel. Seewald Verlag, Stuttgart Degerloch, 1979,
© Libreria Editrice Vaticana, Città del Vaticano

S. 10-11, Generalaudienz „Wort und Weisung", 1978,
© Libreria Editrice Vaticana, Città del Vaticano

S. 18-19: entnommen aus: Kongress über Drogenabhängigkeit „Solidarisch für das Leben", 1997,
© Libreria Editrice Vaticana, Città del Vaticano

S. 92, entnommen aus: Wortgottesdienst im Petersdom, Predigt von Johannes Paul II., Aschermittwoch, 25. Februar 2004,
© Libreria Editrice Vaticana, Città del Vaticano

S. 147: Brief an die Künstler, Osservatore Romano, deutschsprachige Ausgabe, 1999, Nr. 18,7,
© Libreria Editrice Vaticana, Città del Vaticano

S. 153: Vor dem „Angelus" auf dem Petersplatz, 23.2.2003 - OR 33 (2003) Nr. 9. (vier Wochen vor dem Ausbruch des Irakkriegs),
© Libreria Editrice Vaticana, Città del Vaticano

Alle weiteren Texte und Textpassagen von Johannes Paul II. wurden entnommen aus den Verlautbarungen des Apostolischen Stuhls,
© Libreria Editrice Vaticana, Città del Vaticano